現代佛學叢書

禪淨合一流略

傅偉勳・楊惠南主編／顧偉康 著

東大圖書公司

國家圖書館出版品預行編目資料

禪淨合一流略／顧偉康著 ﹒--初版﹒--
臺北市：東大發行：三民總經銷，
民86
　　　面；　　公分﹒--（現代佛學叢書）
參考書目：面
ISBN 957-19-2130-0 （精裝）
ISBN 957-19-2131-9 （平裝）

1.佛教-中國-歷史　　2.禪宗-歷史
3.淨土宗-歷史

228.2　　　　　　　　　　　86008650

國際網路位址　http://sanmin.com.tw

ⒸＣ禪淨合一流略

著作人　顧偉康
發行人　劉仲文
著作財
產權人　東大圖書股份有限公司
　　　　臺北市復興北路三八六號
發行所　東大圖書股份有限公司
　　　　地　址／臺北市復興北路三八六號
　　　　電　話／五○○六六○○
　　　　郵　撥／○一○七一七五──○號
印刷所　東大圖書股份有限公司
總經銷　三民書局股份有限公司
門市部　復北店／臺北市復興北路三八六號
　　　　重南店／臺北市重慶南路一段六十一號
初　版　中華民國八十六年十一月
編　號　E 22053
基本定價　叁元陸角
行政院新聞局登記證局版臺業字第○一九七號

有著作權﹒不准侵害

ISBN 957-19-2131-9 （平裝）

《現代佛學叢書》總序

　　本叢書因東大圖書公司董事長劉振強先生授意，由偉勳與惠南共同主編，負責策劃、邀稿與審訂。我們的籌劃旨趣，是在現代化佛教啟蒙教育的推進、佛教知識的普及化，以及現代化佛學研究水平的逐步提高。本叢書所收各書，可供一般讀者、佛教信徒、大小寺院、佛教研究所，以及各地學術機構與圖書館兼具可讀性與啟蒙性的基本佛學閱讀材料。

　　本叢書分為兩大類。第一類包括佛經入門、佛教常識、現代佛教、古今重要佛教人物等項，乃係專為一般讀者與佛教信徒設計的普及性啟蒙用書，內容力求平易而有風趣，並以淺顯通順的現代白話文體表達。第二類較具學術性分量，除一般讀者之外亦可提供各地學術機構或佛教研究所適宜有益的現代式佛學教材。計畫中的第二類用書，包括(1)經論研究或現代譯注，(2)專題、專論、專科研究，(3)佛教語文研究，(4)歷史研究，(5)外國佛學名著譯介，(6)外國佛學研究論著評介，(7)學術會議論文彙編等項，需有長時間逐步進行，配合普及性啟蒙教育的推廣工作。我們衷心盼望，關注現代化佛學研究與中國佛教未來發展的讀者與學者共同支持並協助本叢書的完成。

傅偉勳　楊惠南

自　序

　　寫完全書，回過頭來寫序，很自然地捫心自問：此書何緣而來？乘何緣去？

　　從來文人著述，屬功名大事，所謂「萬般皆下品，唯有讀書高」是也。至清人龔自珍云「著書都為稻粱謀」，掙不到功名，至少還能謀生。而今呢？無論中外，除了少數暢銷書作者，要靠寫書維生，一定是清苦不堪言──至於從事非科技之純學術研究者，寫的書有人肯出，已經是上上大吉了，哪兒還敢奢望功名利祿！

　　既然這樣，為什麼還要如此執著，拚命地寫呢？

　　如果換一個立足點，從寫作的自由度看，情況正好相反。若為功名，限止最多──不但文章有規定的程式，連寫的字也有一定之體（龔自珍就是因為寫不好「館閣體」，始終科場不得意）。至於內容，更是不可越雷池一步，非要代天地立命、代聖賢立言不可，否則的話，不要說功名，連性命也成問題。退而言之，不涉政治，純看市場反應，則作者為讀者所左右──非得揣摩人心，窺測潮流不可，或一味應順時世，或故作驚人之語……此中甘苦，非身歷者不知。唯有於名於利都絕望者，倒是沒有任何外來的束縛，他所遵守的，僅是該研究領域的「遊戲規則」；然而正因是唯一的「內在制約」，他方能與研究對象全然地融為一體──其作品所反映的，全部是他的學識、境界

和學術人格。

　　所以，一本著作的成功，有時是因為上達天聽，有時是因為普得民心，有時是因為自得其樂……就此而言，在象牙塔中孤芳自賞，不一定是壞事；文化的進步、學術的發達，也需要這種人格。遙想當年，唐詩之盛，前無古人，後無來者。賦詩取士的科舉制度固然是原始推動力之一，但最根本的原因當是寫詩成為一種世風時尚──唐代的知識分子思考問題時，腦子裡湧現的，大概也是詩歌。能夠流芳百世的詩歌，絕對是作者有感而發，而不是考場上的應制詩。同樣的理由，太多的政治考量，太多的市場意識，現代中國始終出不了文藝和學術巨匠！

　　然而，若無特殊的社會氛圍所造就的特殊讀者群，一般而言，寫作的自由度，絕對是與讀者數量成反比的。君不見，毛澤東的「雄文四卷」，欽點的編選者沒有半點自由，卻擁有雄視全球的發行量和讀者數；而哲學家金岳霖先生的《知識論》，有幾個人知道此人此書？說來慚愧，從師承上說，我還算是金先生的「再傳」，但我也僅是「翻」過太老師的巨著，而非「讀」過。

　　由此反觀這本《流略》，同前一本《禪宗六變》一樣，寫得是很「自由」，但讀者的數量呢？我實在不敢奢望。所以，實在很感謝三民書局，居然願意連著出版二本拙作。古人云：人生得一知己足矣！我復何求！

顧偉康

一九九七年十月

於紐約莊嚴寺內

禪淨合一流略

目　次

《現代佛學叢書》總序

自　序

前　言

　　佛教入華，總的趨勢是走了一條中國化、生活化的道路。原始印度佛教出世、虛無、否定的特色，逐步地被改造為入世、有為、肯定的中國佛教。法藏(643–712)於《華嚴經傳記》中稱其「雖閱舊聞，時懷新志……遂立教分宗」❶；宗密(780–841)於《禪源諸詮集都序》中說佛教發展「造論釋經數千萬偈，觀風化物無定事儀」❷；正是中國佛教之自覺的典型。吸收和改造，成為前後期中國佛教史的不同傾向和特色，前期以開宗立派為頂點，後期以禪淨合一為主流。

　　禪宗和淨土宗，由合而分、由分而合，幾乎可以涵蓋二千年中國佛教史的主流。描述和解釋這一歷史過程，乃是本書的目的和任務。

　　這是一個很大課題，以往的研究闡述可謂兩多兩少——以信徒的身分實踐、宣傳多，以學者的身分研究、分析少；個案、局部的陳述描寫多，整體、全面的意義分析少。

　　在弘法的立場上看，禪淨合一乃是宋明以還中國佛教發展之大勢。就佛教徒個人而言，如何才有真正的定慧修持、究竟解脫，而從先輩的實踐中獲得經驗教訓，乃是把握佛法真諦的必由之路。就佛教總體而言，前要總結繼承歷代高僧

---

❶　法藏《華嚴經傳記》。(《大正藏》2073)

❷　宗密《禪源諸詮集都序》，卷1。(《大正藏》2015)

大德的心得體會，後要展視預見佛教在當代世界前途趨向，
要回應時世變遷，在當代的發展壯大中同時維持佛法的純真，
回顧歷史更是展望未來的首要任務。

在研究的立場上看，對禪淨兩家的立宗源由作異同比較，
對禪淨合一的依據意義作全面分析，回答諸如「極端自力成
佛的禪宗與極端他力成佛的淨土宗何以合流」等重大理論和
實踐問題，乃是中國佛教史研究不可缺少的一環，更是理解
中國文化和中國佛教之特色的重大課題。

歷史研究從來就是種種解釋，故不同的對象、不同的研
究角度，必然有不同的分類、分期法。緣此主旨，本書大膽
地置一般的中國通史及中國佛教史的分期法於不顧，將自漢
末至近代的一部禪淨流變史分為六期，一一道來，故名之曰：
禪淨合一流略。

第一章　本是同根生

第一節　大法東來之載體

追溯佛法東傳的源頭，任何一本佛家史說或佛學論著，都必然提到漢明求法故事。漢明帝永平年中，遣使往西域求法，似為僧俗兩界所公認的佛教入華之始。其最早的沒有爭議的記載，當是東晉袁宏(328–376)《後漢紀》卷十「永平十三年」所錄：

> 初，帝夢見金人長大，項有日月光，以問群臣，或曰：
> 「西方有神，其名曰佛，其形長大，陛下所夢得無是乎?」於是遣使天竺，而問其道術，遂於中國而圖其形象焉。

很明顯，這是最典型的把一切歷史都歸結為帝王史的傳統史說。更有甚者，以尚古崇上為文化特徵的中國人，任何事物愈古愈好，於是乎，佛教早在秦始皇、孔子甚至於大禹時代就傳入了中國；似乎唯有如此，佛祖才勝過任何人而是世界上最偉大者。

事實上，如同任何宗教、文化傳播一樣，佛法入華是一

個過程，再發達、精確的歷史記錄，都無法確定是哪一個人在哪一天把佛教傳入了中國，因為歷史上本來就不存在這樣的一個「點」。

作為一種宗教，佛教是一整體的存在，一巨大的、複雜的運作系統：它既是觀念系統（教義和神譜），又是行為系統（戒律、禮儀和獻祭）；既是道德和法的規範（制度和戒律），又是物質實體（寺廟、偶像）；既是具有特定心理狀態和生活信條的個體，又是具有特定服飾、制度和氛圍的社會團體……然而它的傳播並不是如有形的物件一樣，組裝完畢、車載船運，一次完成，而是依不同的因緣時機，隨機的、分散的進行。但隨機不是隨意，分散不是無形，同任何宗教一樣，佛教也是一觀念系統支配、指導下的行為事實系統，教義是佛教的神魂、核心，沒有特定教義的支撐和內涵，任何行為、規範、實體都只能是貌似而神離，更可能是外道異端。所以佛教的傳播可以某一部分某一層面先行，但作為靈魂的教義卻是不可缺少的。因此，觀察歷史，佛教的傳播可以通過通商通婚、社交遷移、音樂歌舞甚至戰爭奴役而實現，但其傳播的載體首先是其「硬體」——觀念意識形態、理論形態的教義以經典文字為載體，這是原始佛教史上「四次結集」的理由和意義，更是佛法宏布的根基。大法東來，波瀾壯闊，滾滾二千年，其主流始終是不絕如縷的譯經註經運動。

翻看中國佛教經錄，從《出三藏記集》到《開元釋教錄》，漢魏時代的早期譯經情形，迥異於隋唐以還正規化、格局化、甚至計劃制度化的氣象，原始的記錄加上大量的佚經，給人的印象實是雜亂無章、無跡可尋，恰如日本學者靜俊上野等

著的《中國佛教史概說》所斷言：

> 像如此的翻譯經典，是當時的西域及印度各地的僧侶，
> 將各自所傳承的東西，毫無秩序帶到中國，故其經典的
> 內容，也無任何的統一可言，多屬片斷的譯，況且翻譯
> 者的本身，對中國語文亦不達練。❶

此言當符事實。但若我們換一角度，從中國文化對印度佛法
的選擇著眼 —— 為什麼有的經典佚失了，而有的卻流傳下來
了？為什麼有的經典沒什麼影響，而有的卻繹成宗派？這裏
或許有章可循。

考諸史籍，漢魏時中國佛教的主流有二：一是安世高(漢
桓帝建和二年[148]來華)所傳，一是支婁迦讖（漢桓帝末年
〔約160前後〕來華）所傳。安世高堪稱中國譯經第一人，其
人於桓靈時譯經達二十餘年，所譯經典隋費長房《歷代三寶
記》著錄一百七十六部，唐智昇(668-740)《開元釋教錄》載
九十五部，梁慧皎(497-554)《高僧傳》謂三十九部，晉道安
(312-385)《綜理眾經目錄》錄三十五部，出入甚大，但其中
主要幾部如：《四諦經》、《轉法輪經》、《八正道經》、大小《十
二門》、《修行道地》、《明度五十計校》、 大小《安般守意
經》、《陰持入經》等都流行一時，晉謝敷〈安般守意經序〉
盛贊安世高之學：

> 於時俊乂，歸宗釋華崇實者，若禽獸之從麟鳳，鱗介之

---

❶ 靜俊上野《中國佛學史概論》，頁16。

　　赴蜎蔡矣。❷

又有漢末魏初之〈陰持入經注序〉，留下了當時親聽安世高講
經而撮取師說為注者的記錄：

> 安侯世高者，善見菩薩也。捐王位之榮，安貧樂道，夙
> 興夜寐，憂濟涂炭，宣數三寶，光於京師。於時俊乂雲
> 集，遂至滋盛，明哲之士，靡不羨甘。❸

由此可見安世高所譯小乘經典在漢魏盛弘，彼人佛學巨匠之
地位無可懷疑。安世高有弟子嚴浮調、韓林、皮業、陳慧，
再傳至康僧會(?–280)於赤烏年間到建業（今江蘇南京）大興
佛法，吳大帝孫權為之立建初寺，所譯《六度集經》首開玄
風。故說安世高所傳係印度佛法入華的一個源流，當可成立。
　　支婁迦讖史稱支讖，與安世高同時在洛陽譯經，他之所
譯為大乘經典，如《般若道行品》（即小品《般若》，亦名《摩
訶般若波羅蜜經》）、《首楞嚴經》、《般舟三昧經》、《無量清
淨平等覺經》等，均是中國佛教史上的重要經典。其再傳弟
子支謙得寵於孫權，拜為博士，輔導東宮，支謙譯《大阿彌
陀經》、《維摩經》、《大般泥洹經》、《瑞應本起經》等，又重
譯《般若道行品》為《大明度無極經》，校改《首楞嚴經》
和《法句經》，註解《了本生死經》。然而支讖所傳，於當時

---

❷　僧祐《出三藏記集》，卷6，謝敷〈安般守意經序〉。（《大正藏》
　　2145）

❸　僧祐《出三藏記集》，卷6，〈陰持入經注序〉。（《大正藏》2145）

並非顯學，要到魏晉玄風起，般若學大行於時，支讖一系於中國佛學的源頭意義，才充分顯現出來。

誠然安、支二系在學統和傳授上大小二乘甚為分明，在時間上漢魏、魏晉前後接續，但在他們同為中國佛學傳播主流的意義上，二者的一個共同點，是值得注意和深究的——他們所傳，均重禪法！

觀察安世高之譯品，大小《十二門》、《修行道地》、《明度五十計校》均為小乘禪經，而大小《安般守意經》更是中華最初盛傳之佛法，故彌天釋道安說之再三：

　　其所宣敷，專務禪觀，醇玄道數，深矣遠矣。

　　博學稽古，特專阿毗曇學。其所出經，禪數最悉。

　　安世高善開禪數。❹

再看支讖一系，支讖初出之《般舟三昧經》、《首楞嚴經》皆是大乘禪經，同時已有名支曜者，譯出與《般舟三昧經》同本異譯之《成具光明定意經》，自此以後，大乘禪經之翻譯如大江之後浪推前浪，據僧祐(445–518)《出三藏集記》所述，漢晉期間，《般舟三昧經》有二譯，《首楞嚴經》有七譯，《成具光明定意經》有二譯，足見大乘禪法後來居上，洶湧之勢。

「乘」在佛法中本是運載之義，所謂大乘小乘即載量大

----

❹　僧祐《出三藏記集》，卷5。(《大正藏》2145)

小之分，亦即不同的載體之謂。然而我們若從文化史、宗教史的高度上回顧佛法入華的歷史，就不得不消解大小乘的對立——大法東來的載體之「軟體」是唯一的，那就是：禪法。本書所謂禪淨兩家，本是同根生；在中國佛法的源頭上，禪中有淨、淨中有禪，禪即是淨、淨即是禪的立論，即是在此背景中確立和展開。

第二節　混沌初開的漢魏禪法

佛法東來以禪法先行的原因，亦即禪法為佛法宏傳之載體的理由。佛法從而禪法，有大小乘之分。站在教派的立場上，灰身滅智的小乘是「自了漢」，而普度眾生的大乘是活菩薩，二者不可同日而語。但從歷史研究的立場看，大乘以復古為革命，超越了小乘而蘊涵之，大乘是在小乘的基礎上發展而來的，二者實乃同一佛法的二支、二流。故雖然大小乘在信仰意趣、解脫境界、修習方式和習俗禮儀上有很大的區別，雖然在理論構架上，禪法在大小乘中的地位絕然不同（在小乘佛學，禪定屬八正道，與四諦絕然分開，禪法僅是種種修習方法中的一種；到大乘佛學，有般若之認識論，有空之形上學，而三昧則為實踐論，禪定昇華為佛法精義中一獨立的部份、層面，成為把握空及獲得般若之智的唯一手段），但有一根本之點卻是相同的，那就是：禪法的實踐品格及其在佛法中的地位、意義的日益重要。就此而言，大小二乘並無根本區別，蕅益智旭(1599–1655)說：

> 梵語禪那此云靜慮，靜即是定，慮即是慧；靜即止，慮
> 即觀；靜即寂，慮即照；是故定慧也止觀也寂照也皆一
> 體而異名。❺

一語道破了禪法在佛法中的實踐品格和意義。以戒資定、以定發慧，禪定乃是一實踐行為，無形的觀念系統，有形的物質實體，唯有寄居於活生生的生命實踐體上，才會有意義和活力。

當佛法向外傳播，所有的佛經脫離了其得以產生的具體歷史環境，一無例外地被認為是佛祖金口所宣，一律平等地被奉為真理（古印度民族在歷史記錄中是沒有時間觀念的），再加上翻譯所必然帶來的語言隔閡和本來就有的文化差異。漢魏時代的中國人所見之佛法，必然是矛盾重重和充滿了疑點的（此乃許多經典屢被重譯的理由和歷代高僧西行求法的原因）。因此，在中國人真正釐清經典所載的佛法系統和消化吸收之以前，精純玄妙的教義，唯有以禪定為載體，才能在異國他鄉再現其生命力和意義；而承襲著絕然不同的文化傳統的中國人，也只有通過禪定，才能真正的理解佛經中到底說了些什麼、才能真正地體會佛法到底是怎麼一回事、才能真正地接受和信仰佛教。特殊的歷史條件下，本來隨緣的翻譯，卻因文化選擇而呈現出規律來──禪法成為中國漢魏佛法的主流。

最初入華的禪法，是一地地道道的「混血兒」。

佛教入華的漢代，本是一個讖緯讖祥、陰陽五行充斥於

---

❺　智旭〈念佛即禪觀論〉。

世，鬼神方術、厭勝避忌甚囂塵上的時代（這一點讀太史公[前145–86]的《史記》和王充[137–192]的《論衡》即會有深刻的印象）。然而世風轉移，那些淫祀鬼神、妄說圖讖的低級迷信行為，慢慢地與「獨任清虛」的道家者流融合，成為長生久視、辟穀食氣的黃老之術。至班氏所著《漢書・藝文志》，兩漢之陰陽、五行、天文、醫經、房中均言淵源於黃帝，而《隋書・經籍志》更是斷言：

> 漢時諸子道書之流有三十七家，大旨皆去健羨，處沖虛而已，無上天官符籙之事。

充分反映了風氣漸變：漢代的黃老之術，部分消解了那些實在荒誕無稽的「天官符籙之事」，更多保留了陰陽五行、神仙方術的內容，逐漸地成為一個與主流文化對立又互補的特殊潮流。然而正是這一潮流，一方面體現了中國文化對更高級、更成熟、更系統、特別是更理性的宗教的需要；另一方面它又在修習實踐、習俗禮儀等方面具備宗教的最基本特徵而與佛法相契，特別是其吐納之術與佛教禪修的安般之術，方法上幾乎無有差別。正因如此，黃老方術成為中土佛法的搖籃、溫床；而中國佛教的最初面貌，也因此而決定。

初度入華的佛教，對中國人來說，是很難把它與黃老之術分清的；或者更確切地說，當時的中國人就是把它當作黃老，以黃老的語言、境界、思維模式、理論框架來理解和把握之。而肩負著宏法大任的「胡僧」、「梵僧」，為了克服語言、習俗直至思想方法的障礙，也自覺不自覺地尋找中國文

化中現成的思想材料，以作為售「珠」之「櫝」；　這種情形直到道安、慧遠(334-416)時代依然存在，

> 嘗有客聽講難實相義，往復移時，彌增疑昧。遠乃引莊子義為連類，於是惑者曉然。是後安公特聽慧遠不廢俗書。❻

故兩漢之人，釋道並稱。《牟子理惑論》稱佛教曰「佛道」；《四十二章經》自稱佛教為「釋道」、「道法」，而學佛則是為道、行道、學道。黃老與佛家結成聯盟，攜手同行，於是乎，精靈起滅、生死鬼神與神靈不滅、輪迴報應相混，清淨無為、寡慾保真與四大皆空、省欲去奢合一，貴弱守雌、食氣辟穀與戒色戒殺、堅持素食不分……而黃老之流的看家本領——吐納之術，也就理所當然地與佛家的禪法對上了號。

中國方士習吐納，可謂淵源流長，《莊子・刻意篇》中即有「吹呴呼吸，吐故納新」的記錄；而持息念（即念安般），寄禪心於出入呼吸之際，則是入佛法之二甘露門之一（另一為不淨觀、即作白骨死屍觀）。　至漢晉之時，佛家的《安般守意經》，道術家的《申鑒》（漢末荀悅[148-209]著）、《抱朴子》（晉葛洪[284-363]著）中都有數息并注意鼻端的觀法，都有胎息的說法，連專門的術語如「長息」、「短息」都二家公用，這絕非誰因襲了誰的問題，而實在是一混和、融合。

勢之必然，當時佛家之禪法，則與道家的長生不老、白日飛昇相對應和競爭，以特殊的神通為自身內容和弘法的標

---

❻　慧皎《高僧傳》，卷6，〈慧遠傳〉。（《大正藏》2059）

懺。

閱讀早期佛教經典（如四《阿含》），重溫佛祖修道開悟的故事，我們能強烈地感受到原始佛教的踐履特色。無論是佛祖在尼連河畔菩提樹下的證悟，還是當年佛祖對其弟子的教育訓練，其核心就是坐禪和內在體驗。原始佛教已設立了戒定慧的修習綱領，但「三學」的相互關係不同於後代：慧僅是戒定的內容，表現為達到自由境界的人的特殊能力，亦即神通——原始佛教有「六神通」之說：神足通（在所有的場合都能自由地行動）、天耳通（能聽聞和分辨一切聲音）、他心通（知道自己和別人的心靈動向）、宿命通（知道前世的事）、天眼通（知道來世的事）、漏盡通（參透迷執的根源，悟得輪迴的本相，證得真諦）。被視為原始佛教之最基本原理的「四諦十二因緣」說，確不是靠理性或邏輯證明而成立的；對自己生命的全部姿態，包括過去及未來的自己的觀照，確需要神通的特殊能力。而這種能力，按原始佛教的說法，乃是坐禪和內在體驗的結果。故原始佛教的特點在於其實踐性，表現為神通的禪法，是原始佛教的主體和特色。由此出發，我們方能理解何以佛祖遊行布道四十年而沒有留下一部著作。

佛滅以後，經過多次經典結集，佛教的學術層面迅速發展，其標誌是小乘阿毗曇學興，阿毗曇學的特點在於廣說名相事數，予「四諦十二因緣」以某種邏輯的說明，把以神通為特徵的禪法變為通過名相事數返觀自身精神活動的禪法。相應的「三學」的關係也發生變化：「以戒資定，以定發慧」，慧成為戒定的目標，慧學相對獨立於禪定而帶有濃重的學問

氣息。小乘禪法再也不以神通及其獲得方法為重點，相反地把禪定作為一達到智慧之目標的手段而研究之。學問重於實踐、智慧蓋過神通、定學依附慧學，乃是小乘佛法的特點之一。

邏輯地推論，漢代中國首先流行的是安世高一系所譯的以《安般守意經》為主的小乘禪經，神通就無法居於非常醒目的地位。但事實上佛教在中國的最早傳播，確是以神通為顯著特徵——無論站在現代實證科學的眼光來看，這神通是如何地不可理解；無論當時和後來的中國人是如何地解釋這些神通——外來的僧人都是以神通來顯示悟境和證明佛法無邊；而中國人之信服接受佛教，也首先是懾於神通的奇蹟。這只能從文化傳播的角度，從漢代神仙方術流行之風尚著眼，方能理解和解釋之。

最早把禪經傳入中國的安世高，《僧傳》記載他是安息國王子，熟諳天文五行、醫方異術，又能識別鳥語獸言；他徹見自己的前生事蹟，為了贖罪而自動陷入賊人手中，被殺前說明是前世欠債、今世來償；轉世後還能找到殺他的人，廣敘因緣。他這樣的現身說法以證明三世因果，「於是遠近莫不悲嘆，深信三世之有證」。

另外一個最典型的是佛圖澄(232-348)，他在中國佛教史上有著無法取代的地位，然而他沒有攜來一卷經，沒有譯過一個字，他的弘法事業全靠神通。《僧傳》記載他分身、飛行、放光、預言、屍解（屍身不留）等無所不能，可謂「六神通」俱全。他在西晉亡時到中國，鮮卑趙國國君石勒(274-？)第一次見他，就問：「佛道有何靈驗?」佛圖澄即取出自己帶來

的食器，那是一個鐵缽，盛水焚香念咒語，頃刻間一朵光彩奪目的青蓮冉冉升起！石勒驚服之餘，馬上皈依佛教，并委之以國事。不久，佛圖澄又為民求雨、治癒痼疾；石虎之子得暴病而死，佛圖澄又手持楊柳枝，念秘密咒文，使他還陽。由是，石勒父子稱他為「大和上」， 尊敬有加，言聽計從，把他看作國家的重寶。

這一切恰如湯用彤(1893–1964)教授所言：

> 釋迦教義，自始即不為華人所了解。當東漢之世，鬼神之說至為熾盛。佛教談三世因果，遂亦誤認為鬼道之一，內教外道遂并行不悖矣。❼

但是，這一風尚在中國並沒有維持很久，魏晉玄學的興盛，標誌著有著「不語怪力亂神」之傳統的中國主流文化對漢代迷信風氣的自覺克服 ── 神異獨撐漢魏佛教的局面很快過去，中國人給神通以理性的解釋而淡化了它：一部分神通被歸結為天文醫方，一部分神通還歸於道家辟穀食氣之法，餘下的便被指為「惑人」的幻術戲法，中國佛教迅速擺脫了神通❽，走上另一條道路。按湯教授的說法，此一變化的徵兆，可遠溯至漢末：

---

❼ 湯用彤《漢魏兩晉南北朝佛教史》，頁63。

❽ 這一點只要比較歷代僧傳的目錄就能知道。所有的僧傳中，只有最早的梁慧皎（497–554）所撰的《高僧傳》有「神異」一科，道宣以下諸僧傳均無此科。

佛教自西漢來華以後，經譯未廣，取法祠祀。其教旨清靜無為，省欲去奢，已與漢代黃老之學同氣。而浮屠作齋戒祠祀，方士有祠祀之方。佛言精靈不滅，道求神仙卻死。相得益彰，轉相資益。及至桓靈之世，安侯、支讖出經較多，教法頗能直溯本源。然安清以擅知五行圖讖，早被俊異之聲……及至漢末，笮融大造浮屠之祀，已不聞其兼祀黃老，如楚王英、桓帝之所為也。而牟子作《理惑論》，公然黜百家經傳，斥神仙方術。佛教自立，而不扥庇他人，其精神始見於《理惑論》……又兩漢尊黃老之道，與陰陽道術。至魏世一變而好尚老莊之學。東京佛法本可視為道術之一種，而魏晉釋子則襲玄學清談。牟子援引《老》、《莊》以申佛旨，已足徵時代精神之轉換。❾

我們則因《理惑論》的著作年代難斷而寧可尋找更為確鑿的標誌——驅逐神通而獨立佛教的里程碑式人物，當是彌天釋道安。君不見，佛圖澄不可思議的神通僅風光了一代，其弟子道安居然讓中國佛教的發展來了個一百八十度的大轉彎，道安對尊師佛圖澄的偉大神通視而不見❿，他埋頭於小乘阿毗曇學和大乘般若學的研究，成為開一代新風的大師。如果說其師佛圖澄是中華漢地佛教神通化的代表人物，其徒道安則是中華漢地佛教名相化和般若化的里程碑式人物。這二個方向又為鳩摩羅什(344–413)的譯經所充實而奠定格局，成為

❾　湯用彤《漢魏兩晉南北朝佛教史》，頁55。

❿　據習鑿齒(?–384)〈與謝安書〉，謂安法師無變化技術可以惑人。

南北朝佛法的主流，並為今後中國佛學的大勢打下了基礎。

第三節　中國化佛法之起步——
道安

　　道安於中國佛學史，實是繼往開來第一人。湯用彤先生在其傳世之作《漢魏兩晉南北朝佛教史》中給予極高評價：

> 　　蓋安法師於傳教譯經，於發明教理，於釐定佛規，於保存經典，均有甚大之功績。而其譯經之規模，及人材之培養，為後來羅什作預備，則事尤重要。是則晉時佛教之興盛，奠定基礎，實由道安。

> 　　東晉之初，能使佛教有獨立之建設，堅苦卓絕，真能發揮佛陀之精神，而不全藉清談之浮華者，實在彌天釋道安。道安之在僧史，蓋幾可與特出高僧之數矣。❶

　　需要強調的是：湯先生上述「佛教有獨立之建設」，「真能發揮佛陀之精神」，絕非空論，實是精到之評語。除了典章制度方面，第一個著經錄（《綜理眾經目錄》），第一個確立僧伽戒規（《高僧傳》云：「安既德為物宗，學兼三藏，所制僧尼規範，佛法憲章，條為三例，一曰行香定座上經上講之法，二曰常日六時行道飲食唱時法，三曰布薩差使悔過等法。天下寺舍，遂則而從之。」）之外；除了弘法格局方面大

---

❶　湯用彤《漢魏兩晉南北朝佛教史》，頁136。

規模培養學生、分張四方，有系統廣譯佛經、遺澤後世之外；道安法師於中國佛教史最大的貢獻，即在於抉發佛法之真義，還佛教「純粹」、「獨立」之原貌。

道安之學，可謂涵蓋當代，獨步一時。考當時佛學之大勢，其主流有三：一是安世高所傳小乘禪法，凡《陰持入經》、《道地經》、《大十二門經》、《安般守意》、《人本欲生》、《十二門》等諸經，道安早年即為之一一作注，盡得其髓。二是始於支讖之般若學，道安傾畢生之力，研講不倦，開一時之風氣，以至有晉一代，般若學至六家七宗之多。三是竺法護首譯之大乘經典，道安早年已研習其中之《光贊》，晚年則共羅什同闢譯場，廣傳龍樹婆提之學，蔚為大觀。故史稱安公「德為物宗，學兼三藏」，集佛學之大成，不算過分。

但最重要的是，道安並非墨守之徒，他沒有沉醉於當時的「玄風」之中，而是不負天降之大任，開出一代新風——中國人終於站在純粹佛學的立場上，理解和消化佛教，開始建立真正的中國佛教。

據《高僧傳》記錄，晉穆帝永和五年(359)，三十七歲的道安在飛龍山重訪舊友僧光，共同切磋。道安師不但「新悟尤多」，而且發語驚人——「先舊格義，於理多違」；僧光不敢苟同，理由是「何容是非先達」；道安則旗幟鮮明地表明了自己的超前意識：「弘贊理教，且令允愜。法鼓競鳴，何先何後？」

理解這段故事的關鍵在於「格義」二字。所謂「格義」，是指佛法入華之初，中國人以道家者流、黃老之學的思維邏

輯以至概念體系去理解、傳播和消化外來的佛教，所謂以外書擬配內學是也，其代表人物即是上文僧光所不敢非議的「先達」竺法雅。因此，「格義」的本質，在於它代表著一個「前中國佛教」時代，那時的佛教，絕對談不上純粹、獨立。故當道安在當時的名僧竺法深、支道林(314-366)之流優遊於老莊與佛典之間時，能孤明先發，為尋求真正的佛法精義而毅然非議「先達」，意味著他有著新的時代精神。由此再看五年後道安特許高徒慧遠講經「不廢俗書」，那就意味深長——此事恰恰說明道安否定「格義」的一貫和自覺，他確實代表著一個新的時代。

發揮佛陀之真精神、從而中國佛教的純粹，既不是以中國既有的思想去桎梏佛學，也不是原封不動地照抄印度佛教；而是在正確理解佛教的精華的前提下，有重點地消化和吸收，是一次文化選擇，一個重建佛法的歷史運動。道安是一個開端，也是一個典型。道安時代的禪法，已經迥然不同於那道佛不分的「格義」時代之歸結為吐納和神通的禪法，它有著新的內容和自覺——其二大重心，正是後世禪宗和淨土宗的歷史出發點。然而在當時，我們所能看到的，還是同一禪法的兩個方面、兩個層次、兩個重點。

如果說神通是漢代禪法的目標、是法師們禪境的證明，那麼晉代禪法在這一佛法的根本問題上是前進了一大步，有了革命性的躍進。道安在註安世高所出禪經時，數數歎息：

於斯晉土禪觀弛廢。

> 每惜茲邦禪業替廢，敢作注於句末，雖未是光融聖典，
> 且發懞者，儻易覽矣。⓬

以復古為革命，以註書而立說，乃是中國人自古以來的老傳
統。道安所指責的「禪觀弛廢」、「禪業替廢」，實質上是對
以「變化技術」（神通）為禪境而「惑人」的傳統的不滿。
出於師道尊嚴，他至多承認神通是禪定的一種低級境界，是
通向泥垣之智的一個階梯而已，他非常清楚地提出了真正禪
定的目標和境界：

> 邪正則無往而不恬，止鑒則無往而不愉；無往而不愉，
> 故能洞照傍通；無往而不恬，故能神變應會；神變應會
> 則不疾而速，洞照傍通則不言而化；不言而化，故無棄
> 人；不疾而速，故無遺物；物之不遺，人之不棄，斯禪
> 智之由也。故經曰：道從禪智，得近泥垣，豈虛也
> 哉！⓭

道安此說的依據當然不是家傳師說而是出於經典──請看當
時流行的禪經：《五門禪經要用法》謂心沒者教以念佛。坐
禪的作用在於除欲。《坐禪三昧經》云：佛法中戒定慧三法
合一能入涅槃。譬如人立平地持好弓箭能射殺怨賊……戒為
平地，禪定為快弓，智慧為利箭。需要強調的是，佛法之所
謂「泥垣」、「智慧」，嚴格而言，乃是一個體修行的內在體

⓬　僧祐《出三藏記集》，卷5。（《大正藏》2145）

⓭　僧祐《出三藏記集》，卷5。（《大正藏》2145）

驗；很難言詮表達，更是無法給予的。故原始佛教的禪定法，所謂觀想：白骨觀想，觀四大，觀無我，於不淨中作淨想，見色身後更見法身等等，其境界甚至真偽，實是無法驗證的。但同時，佛法又必須在群體、社會大眾中傳播，方有其生命和意義，這實是一難解的「結」！有鑒於此，《禪秘法要經》最後整整一節說假冒悟境者的處罰。但當然是無濟於事，這也正是佛法入華，必然地經歷了以神通為悟境的階段之原因──理性、務實的中國人，是不可能接受和信仰任何「虛無飄渺」的東西的。道安的思想裏，我們看到的正是文化的選擇、時代的回應。道安把泥垣境界規定為「無棄人」、「無遺物」，架起了溝通個體體驗與群體傳播的橋樑，個人修習的禪定的境界也因之獲得了社會化的內容而可以把握可以驗證。由此我們能看到大乘佛法的菩薩精神，更能看到佛教中國化的前進步伐。後世的禪宗，之所以被稱為最典型的中國化的佛教，就是因為從佛教教理的角度講，禪宗緊緊抓住了解脫開悟之「泥垣」最高境界；另一方面，從文化的角度講，禪宗則堅決徹底地給予這最高境界以生活的社會的內容。就此而言，雖然我們無法在佛教傳授譜系上把道安與禪宗聯繫起來（道安禪觀在教理上開出般若性空義，在教行上表現為彌勒淨土信仰），但在精神上確是有著一脈相承之處。

晉代禪法對漢魏禪法的革命，還表現在禪定的方法之遞變。同樣的，也不是單純地回歸原始禪法，而是在尋找真正禪法的同時，突出中國文化的選擇。

《思惟略要法》所列舉的觀法：四無量觀法、不淨觀法、法身觀法、十方諸佛觀法、觀無量壽佛法、諸法實相觀法、

法華三昧觀……《禪秘要法經》說禪定即「念佛」──念佛者當先端坐，叉手閉眼，舉舌向齶，一心繫念心心相注，使不分散，即心既已定先當觀像……作用則是能不墮三惡道而生彌勒兜率天。《坐禪三昧經》謂五種坐禪法門治五種罪孽，第五門即是念佛法門治等分重罪……反映了佛法的廣博弘大和多彩多姿，然而中國人的興趣，則明顯地集中於有相有跡，易於實行，易於傳授的「念佛」之上──此「念佛」還絕然不同於後世淨土宗的「念（阿彌陀）佛」，但其淵源於中國文化特徵的「實踐理性」特色，同樣是一脈相承的。

首先，在無規劃、無宏觀控制的譯經運動中，文化選擇的規律再次顯現──第一，早期的譯經當是攜來即譯，並無計劃性因而也無很大的挑選餘地，但淨土經典卻「陣容整齊」地被譯出並廣為流傳。以後漢靈帝光和二年 (179) 支讖譯出《般舟三昧經》為起點，接著吳支謙、西晉竺法護譯《大阿彌陀經》、《平等覺經》，到鳩摩羅什、劉宋寶雲、畺良耶舍集大成，一氣譯出《阿彌陀經》、《十住毘婆沙論》、《無量壽經》、《觀無量壽經》等──後世淨土宗的「宗經」該是中國佛教史上最早完備而成系列者。第二，淨土經典中的《無量壽經》（後世經藏中又名為《阿彌陀經》，為區別於羅什所譯一卷本《阿彌陀經》，故又名《大阿彌陀經》），因其詳述阿彌陀佛於因位時發心發願以及極樂淨土莊嚴而係淨土重鎮，居然被重譯達六次之多。據《歷代三寶記》和《開元釋教錄》，自漢至晉，計有安世高的二卷本《無量壽經》，支讖的二卷本《無量清淨平等覺經》（現為四卷），支謙的《大阿彌陀經》，曹魏康僧鎧的二卷本《無量壽經》，同時代帛延的二卷

本《無量清淨平等覺經》，西晉竺法護的二卷本《無量壽經》。
該經被重譯之多，在早期譯經運動中堪為翹楚。第三，在淨
土經典大量翻譯的同時，更有不少偽經出現。《出三藏記》
說道安《綜理眾經目錄》中錄疑經二十六部，就即今可考者
論之，其中從淨土經典中衍出者，即有《善王皇帝功德尊
經》、《藥師琉璃光經》、《須彌四域經》、《十往生阿彌陀佛國
經》等四部❶，實際所占比例當不至於此。佛經的翻譯與流
傳，是佛法宏布的基礎，同時又是佛法流傳之情狀的反映，
若無時勢之需求，上述三點實是無法想像的。

其次，相應的當時僧伽履踐，亦不約而同地特重彌勒(史
傳當時彌勒、彌陀甚至賓頭盧，尚難分清)。據《僧傳》記
載，道安與弟子僧輔、法遇、曇戒、道愿等八人，立誓往生
兜率；法曠講《無量壽經》為中國講淨土經典之始。又《法
苑珠林》引《冥祥記》云：西晉闕公則及其門人衛士度係中
國最早彌陀信仰者。加上大量的彌陀、彌勒造像記載，上述
種種，在中國淨土家言中歷歷如數家珍，視為本宗祖脈。事
實上，「念佛」也好，彌勒信仰也好，彌陀信仰也好，在當
時並無獨立意義，尚是佛教禪法中的一個部分。按佛教成說，
彌勒受記，留住世間的目的，乃是為世人決疑。故當時僧眾
之立誓往生，與禪定、與決疑密不可分，此類記錄，隨手可
拾：道安〈婆須蜜經序〉，謂婆須蜜集此經已，入三昧定，
彈指頃間，神升兜率，與彌勒等集乎一堂，「對揚權智，賢
聖默然，洋洋盈耳，不亦樂乎」！另〈僧伽羅剎經序〉一文
也有同樣的文字。可見道安之彌勒念佛，根本在於禪定和決

---

❶　僧祐《出三藏記集》，卷5。(《大正藏》2145)

疑。故其弟子僧睿撰〈維摩序〉大聲疾呼：「先匠（指道安）所以輟章遐慨，思決言於彌勒者，良在此也」。此外，《廣弘明集》中《僧行篇・僧景行狀》載：「初法師入山二年，禪味始具，每斂心入寂，偏見彌勒」。《高僧傳》錄智嚴以事問天竺羅漢，「羅漢不能判決，乃為嚴入定，往兜率宮諮彌勒」。上述種種，有力地說明道安時代的「念佛」、立誓往生，大大異趣於後世之淨土宗；但其與淨土宗的血緣關係，確是絲絲入扣的。

撰述史傳，個人往往不單具個體意義，更是社會文化演變的標誌。作為一歷史典型，道安故事所攜帶的時代信息，即是禪淨二家，在歷史的源頭上，互為表裏，生於同根。一旦時勢變遷，它們將各自萌芽，分道揚鑣。

第二章　禪淨之歷史淵源

第一節　南與北——名相化與般若化

　　佛法入華，交匯於中國文化的宏觀場景，可作一喻——外來的佛教文化猶如青藏高原溶融的雪水，而中國本土文化則如長江黃河之河道；大水瀉下，北上者「黃河之水天上來」，南下者「千里江陵一日還」。 與其說本為一「種」的佛教文化，因中國文化內部的不同分支而同顯出不同的風貌；不如說佛教的不同派系，目的性地與中國文化中形態氣質「相投」的分支一一融合，形成新的文化亞種群，共同構成新的文化種體——中國化的佛教。

　　兩晉以後的中國佛教，其「中國化」的第一步剛剛踏出，剛剛開始獲得自覺意識而獨立於印度佛教時，馬上就同時開始自身分化，中國佛教內部的宗派運動即刻蠕動萌芽。其最初的趨勢，在地域上是南與北的分野，在意趣上則是名相化與般若化的不同。

　　中國文化本有南北二支、二流，其區別在於中原文化與楚文化，《詩經》、《尚書》與《離騷》、《九歌》，儒法與道家的對立。其根本的區別，即在於前者把人的本質歸結為人的

社會性，後者把人的本質歸結為人的自然性。就本文的論題而言──同樣的宗教（哲學），北方中原（儒法）文化更傾向於政治、倫理，傾向於理論體系的建立構築，傾向於大眾傳播和教育；南方楚（道家）文化更傾向於文學、藝術，傾向於真理的直接體驗和把握，傾向於個人的完善與解脫；孔孟韓荀之安邦興國的「聖賢」與老莊之無為而無不為的「至人」各是兩種不同氣質之文化的典型和人格化。

特別是佛法入華的時代，正是中國文化經春秋戰國「百家爭鳴」（分），和漢代「黜廢百家、獨尊儒術」（合）之後，又一個文化整合之「分」的階段──本來漢家天下的文化大局，以儒家為大宗，以中原為主幹；然而三國以還，中原戰亂長達二百餘年，中朝文物，喪亂廢殘。人文上，北方士族一次又一次地衣冠南下；思想上，「人生苦短，譬如朝露」（曹操詩）的觀念如野燒忽起；結果是孔教衰微，僅得在北方中原支撐守成，而南方「三玄」（《莊子》、《老子》、《周易》）盛行，玄風飆起。儒家根深蒂固、盤根錯結；玄學應運而生、御風而行──南北文化對立在新的歷史文化條件下又一次顯著起來。

此時此地，來到中國的佛教，在其傳播分化、成熟完型的過程中，必不可免地會受到其「登陸」地點之「氣候地形」的影響，呈現出不同的氣質和面貌。

「不依國主，則法事不立」（道安語），在佛法入華的初期，確是事實之語；那麼，「國主」的素養，對「法事」的狀況，必是大有影響。試看北方諸國的帝王於佛教，除後秦姚興（366–416，即迎鳩摩羅什入長安者）尚通佛理外，其

餘大都不是對教理有所景仰，而是出於政治目的，對高僧敬重和利用。證諸史實：後趙石虎之對佛圖澄，每事必諮而後行；姚襄(331–357)兵敗，沙門智通勸其勵兵收眾，更圖後舉；前秦符堅要攻晉，群臣請道安諫阻；南涼時沙門壇霍告誡禿髮耨檀說，如窮兵好殺，禍將及己；拓跋魏太武帝滅佛（即「三武之難」之第一次）的最直接原因，則是因為在長安見到佛寺中「大有兵器」……相比之下，南方諸君主，雖有高下之分──高者如宋文帝、梁武父子、齊竟陵王蕭子良，他們精通佛理，辯論佛法；下者如簡文帝、陳後主，他們造寺度僧、戒齋設會，作功德求福田……無論如何，政治功利的色彩要淡薄得多。故周叔迦先生論定：

> 兩晉之時，佛教的弘傳，在南方是崇尚佛理，在北方是尊重僧德。❶

上行下效，草偃於風。於是乎，南方造金像，北方立石像；南方重義理、尚玄談，北方重戒律、尚講論；南方有白黑、本末、神滅等爭，深究玄理，北方則著眼於佛教奢靡、與國爭民爭財，抑是風俗教化，有利社稷。

不可避免地，佛學的發展也呈現南北不同的特色：同一瑜伽行派之地論師，南方僧眾崇《大乘起信論》、《攝大乘論》等而演出南朝攝論學派，北方和尚則奉阿賴耶說而奠定北朝地論學派；而後南方盛宏三論、成實，北地廣播地論、毗曇……於此種種，古有唐僧神清(? –820)於《北山錄》中作此

❶　周叔迦《周叔迦佛學論著集》（上冊），頁159。

比較：

> 宋人魏人，南北兩都。宋風尚華，魏風猶淳。淳則寡不
> 據道，華則多遊於藝。夫何以知，觀乎北則枝葉生於德
> 教，南則枝葉生辭行。❷

今有湯用彤指其淵源：

> 南朝之學，玄理佛理，實相合流。北朝之學，經學佛學，
> 似為俱起。❸

他還非常具體地指出了當時的法脈流向：

> 鳩摩羅什卒於晉義熙九年。典後四年而劉裕入關。又明
> 年赫連勃勃破長安。此時前後，又有西秦後魏之爭戰。
> 關內兵禍頻繁，名僧四散。往彭城者有道融、僧嵩。止
> 壽春者為卑摩羅叉、僧導。曇影、道恒，遁跡山林。慧
> 睿、慧觀、慧嚴、僧業，南住建業。道生早已渡江。僧
> 睿又先夭折。長安法令，本已凋零。而最後又經魏太武
> 帝之毀法。善談名理者，挾其所學，南遊江淮……自此
> 以後，南北佛學，風氣益形殊異。南方專精義理，北方
> 偏重行業。❹

---

❷ 神清《北山錄》。(《大正藏》2113)

❸ 湯用彤《漢魏兩晉南北朝佛教史》，頁387。

❹ 湯用彤《漢魏兩晉南北朝佛教史》，頁240。

　　然而，上述南北之分畢竟還是一文化地理學的劃分，它常常為南北僧眾的交往流動而模糊不清，故於佛教史實，必是淺膚表面的描述。真正在本質上深刻反映魏晉南北朝時代佛法內部之精神分化的，乃是名相化與般若化的異趣。

　　中國佛教的發展，首先是兩晉般若學獨盛：道安濫觴於前，鳩摩羅什大成於後，所譯經典，純以中觀學派般若系為主（《摩訶般若經》、《小品般若經》、《大智度論》、《中論》、《百論》、《十二門論》，是後世三論四論師的根本經典，《成實論》是成實師的專學）；而同時流行的對中國佛學影響極大的《維摩詰經》，也與般若法門關係密切。緊接著，瑜伽學派也在南北中國先後展開：北涼曇無讖(385-433)譯《大般涅槃經》，開出漢地涅槃學之先河；北魏宣武帝時菩提流支(?-727)譯《十地經論》，建立北朝地論學派；梁陳間真諦三藏(499-569)譯出《攝大乘論》、《俱舍論》、《大乘起信論》、《三自性論》等，奠定南朝攝論學派；兩者南北呼應，全屬瑜伽行派在中國的流傳。最後是隋代天台宗綜合三論和地論而發展了中觀，形成了第一個真正有中國特色的佛教宗派。而後中國佛教各宗如三論、俱舍、華嚴、法相等雨後春筍般湧出，其法脈宗源，都可緣此思路尋得一二。

　　但於淨土宗、禪宗此二有「寓宗」之稱的宗派（所謂「寓宗」，是指該宗可以而且是必然地為他宗所兼奉兼修），其淵源卻無法從上述思路中把握。須要換一角度，方能言理充愜。

　　所謂「名相」，指的是佛教專門術語。就中觀學派而言，「毗曇」、「成實」之學的意義即在於搞清小乘名相基礎上的大乘名相及其分析（如龍樹的《大智度論》即為典型），作

為佛教學者的基本功。就瑜伽學派而言，攝論和地論更是直接建立在真如緣起、五位百法、賴耶藏識等一整套繁複的名相之上，搞不清楚根本不得入門。名相之學興旺是佛教發展的必由之路，是佛教本身所取的理論形式和推理方式所決定，這在各歷史時期是沒有區別的，是各家各宗所共通的。但所謂「名相化」則是指一種傾向、一種意趣、一種學風，指法師和學人特別注意理論體系的疏理和構築，特別注意名辭篇章的意義和邏輯，特別注意對經典從而前人思想的正確理解。這馬上讓我們想起儒家經學，自孔夫子的「述而不作」起，到浩如煙海的經籍注疏（《尚書》中「曰若稽古」四字，漢儒可寫註文洋洋二萬言），與佛教之名相化在精神上確有一脈相通之處。

　　名相化之時尚，僧傳所謂「合國盛宏講授」❺的風氣，並非偶然無因而然，乃是佛教入華，發展到一定階段的產物。如果說漢魏佛教還是三學混沌不分，整體依附於道術玄學，尚處於萌芽期的話；那麼兩晉南北朝的中華佛教，已開始獨立起來：構成印度佛教的所有成分，包括戒定慧三學，包括中觀瑜伽兩大流派，包括小大二乘，都已在中國獨立流傳。佛教獨立於中國文化，佛教內部各構成的獨立，這雙重獨立的主幹即是經典翻譯，沒有大規模的經典翻譯和注解運動，沒有名相化的世風時尚，佛教的獨立和成熟是不可設想的。於是乎晉宋以還，中國佛教的歷史舞臺上，法華師、涅槃師、大論師、十地師、楞伽師、毗曇師、三論師、成實師、俱舍師、講律師齊頭並進，僧人學者多學無常師，業有專擅，講

----

❺　道宣《續高僧傳》，卷16，〈達摩傳〉。（《大正藏》2060）

論解經，造疏尋宗，形成一波瀾壯闊的講授運動。當時是文
不厭煩雜，語不嫌重複。道生時代佛學尚精到簡要，故注《法
華》僅二卷。逮至齊梁，法雲(467–529)注《法華義疏》現存
八卷，劉虬(437–495)《法華注》普錄十卷。慧基(412–496)
以《法華》獨步一時，據《高僧傳》，其講授特色乃是「提
章比句」。最有代表性的是名僧寶亮(444–509)：

> 講眾經盛於京邑，講大涅槃凡八十四遍，成實論十四遍，
> 勝鬘四十二遍，維摩二十遍，其大小品十遍，法華、十
> 地、優婆塞戒、無量壽、首楞嚴、遺教、彌勒下生等皆
> 近十遍。黑白弟子三千餘人。開章命句，鋒辯縱橫。❻

　　名相化的文化意義，首先在於保證了對佛法的正確理解，
保證了佛法在其流傳過程中，其三藏聖典，從而定慧修持、
僧伽律制，統統維持純正而不變質。真正的把佛法從神通、
格義中解放出來，最後與玄學割斷關係，捨名相化而無他途！
其次，與中國的傳統經學息息相通，名相化也必然形成唯書、
唯師，在紙面文字上討生活的習氣。這樣，強調個體開悟、
涅槃境界的佛法精髓，得意者真是鳳毛麟角。而明確記載於
經典之中的，易行易學的「念佛法門」，必然地被簡化而在
大眾中迅速傳開。這就是在名相化——「合國盛宏講授」的
世風流行時，淨土經典被廣譯的原因所在，同時也是我們說
名相化學風上接北中國文化精神，下開淨土宗宗趣的理由所
在。

---

❻ 慧皎《高僧傳》，卷8，〈寶亮傳〉。(《大正藏》2059)

所謂「般若化」，當然與兩晉般若學的興盛有關；但作為一種文化精神，般若化的意趣，遠遠地超越般若學獨盛的時代，在中國佛教史上發生了極為久遠的影響。

攷之史事，曹魏正始年間，何晏(190-249)、王弼(226-249)、嵇康(223-262)、阮籍(210-263)在世，玄風已盛；而同時的《牟子理惑論》以老莊說佛，已開佛玄合流之先導。故而後專申空無之旨的《般若》、《方等》經典，理所當然地投時人所好，以佛學大宗的姿態，首先在中國急劇地流傳開來。從支婁迦讖譯十卷《道行》，其再傳弟子支謙重譯（名為《摩訶般若波羅蜜多經》，即《大明度無極經》），到朱士行(?-258)請回大本《二萬五千頌般若經》；從道安表彰《光贊》，到鳩摩羅什盛宏性空……般若學之盛，可謂如日中天。道安有識於此：

> 經流秦土，有自來矣。隨天竺沙門所持來經，遇而便出。於十二部，《毘什羅》（《方等》）部最多。以斯邦人《老》、《莊》教行，與《方等》經兼忘相似，故因風易行也。❼

般若學與玄學的這一文化「共生」，雖由名相之學興而清算了「格義」，最終勞燕分飛。但兩者在精神上卻血緣相關，經歷了一個發展過程，形成共通的文化基因而代代流傳，此即是我們所謂的「般若化」精神和意趣。

最早的合流基點當是全身養真，斥兩漢方士之神仙道術、倡老莊自然保真之說，乃是正始玄風之主題。而《牟子理惑

❼ 僧祐《出三藏記集》，卷5，〈鼻奈耶序〉。（《大正藏》2145）

論》以老莊之要旨，譬佛法之要義，謂佛道在法自然、重無為，澹泊無為而能養真。知性而非迷信，孕育著般若化的萌芽。

接著是相當一段時期的士林風尚。名士名僧，互往互來，把玄學之賤有，般若之貴無，演化為一種生活態度，一種個人氣質。他們寬袍大袖，清談終日；不屑毀譽，不拘禮法……切切實實地實踐著性空自然之理。舉其著者：康僧淵目深鼻高，丞相王導(276-339)每調之，淵曰：「鼻者面之山，眼者面之淵。山不高則不靈，淵不深則不清。」一時人人爭傳，頌為名答。又康法暢常執麈尾，每值名賓，則清談盡日。庾元規難之曰：「此麈尾何以常在？」暢曰：「廉者不求，貪者不與，故得常在。」深奧玄虛的哲理佛理，居然被詮釋得如此瀟洒、如此漂亮！難怪能領導潮流上百年。

魏晉玄風的如此薰陶，充實和提高了中國人對般若性空的理解和境界。然而哲學畢竟是哲學，佛法畢竟是佛法，「般若化」精神的真正意義，是在於道安時代，般若學「六家七宗」之爭所體現的，那種對人生本體、宇宙本體的發問、探索和追求。般若學「六家七宗」以嚴格的佛教（哲學）語言和邏輯，從不同的角度契入，討論般若學的最高主題——「性空本無」。奉獻於世人眼前的，是繽紛的思維成果；但更重要的、更有歷史意義的，乃是那設定主題的文化精神——以老莊為代表的南方楚文化，其最根本的立場和特徵，即在於把人的本質歸結為人的自然性。故其對一切人為的、現實的、煩瑣的、局限的世界（社會），採取自然的、理想的、簡易的、無限的超越態度。具體表現在無論對制度的、禮法的、

習俗的社會存在，還是對語言的、文字的、章句的社會意見
之傳遞，都取超越的立場與態度。這樣一種文化精神，呈現
為宗教和哲學，往往或是極端的神秘，抑是超絕言教，直趨
究竟。在般若性空之爭的背後，正是這種文化精神在導引著
中國佛教發展的大勢。如果說名相化的傾向是追求佛法的純
真，那麼般若化的傾向則是追求佛法的究竟。故佛教中國化
的第一步，便受到南方文化之「玄風」的侵蝕，表現出不滯
文句、直指根本的「義解」特色——慧遠曾說「至極以不變
為性，得性以體極為宗」❽；僧肇則說涅槃境界「不可以刑
名得，不可以有心知」❾。表述得最精彩的，當是謝安
(320–385)評支道林的故事：

> （支道林）每至講肆，善標宗會，而章句或有所遺，時
> 為守文者所陋，謝安聞而善之曰：此方九垠之相馬也，
> 略其玄黃而取其駿逸。❿

　　經歷了如此一路向上的發展，般若化精神終於突破了孕
育其成長的般若學溫床，成為中國佛教各家各派的共同主旨。
從般若化精神的第一個偉大代表道生 (355–434?) 大師開始，
各宗各派，凡是要想在中國佛教歷史舞臺上佔有一席之地的，
都必須在佛法之戒、定、慧的「慧解」方面，在因緣、實相、

---

❽　慧遠〈法性論〉，轉錄自慧皎《高僧傳》，卷6，〈慧遠傳〉。
　　（《大正藏》2059）

❾　僧肇《肇論》，〈涅槃無名論〉。（《大正藏》1858）

❿　慧皎《高僧傳》，卷7，〈支道林傳〉。（《大正藏》2059）

解脫的「解脫道」上，提出「徹底」的見解。順之者昌，逆
之者亡，而禪宗正是在這一點上展現其宗門特色，而成為中
國佛教的第一大宗。正是在這個意義上，我們斷言般若化精
神上承南中國文化色彩，下開禪宗宗趣。

第二節　禪淨二宗的歷史源頭——
慧遠、道生

　　歷史的地平線上，走來了廬山慧遠。慧遠於廬山東林寺
營築龕室，圖寫佛影；又自武昌迎請阿育王像，率眾供奉，
昏曉不覺；至元興元年，與劉遺民等一百二十三同志集於廬
山之陰般若雲臺精舍阿彌陀像前，建齋立誓，共期西方……
種種故事，早已膾炙人口。訴諸文獻，《弘明集》、《高僧傳》
中遠公之〈佛影銘序〉、〈念佛三昧詩集序〉，建齋時劉遺民
所作誓文，歷歷俱在，僧眾道俗，二乘八宗，從無人疑。

　　問題在於後世淨土宗人，頗多發揮，說慧遠與十八高賢
立白蓮社，入社者一百二十三人，不入社者三人，具有名錄，
據此謂遠公為淨土初祖。攀附之舉，反遭疑問。

　　按：上述說法，其最早祖本，乃是宋陳舜俞(?－1074)《廬
山記》中所載之《十八高賢傳》。據陳舜俞說，他對該書作
了「刊正」：

　　　東林寺舊有《十八賢傳》，不知何人所作。文字淺近，以
　　　事驗諸前史，往往乖謬，讀者陋之。……予既作《山記》，
　　　乃因舊本，參質晉宋史及《高僧傳》，粗加刊正。⓫

後，宋志磐編《佛祖統記》，將《十八賢傳》收入卷二十六，並加附註云：

> 《十八賢傳》始不著作者名，疑自昔出於廬山耳。熙寧間嘉禾賢良陳令舉舜俞粗加刊正。大觀初沙門懷悟以事跡疏略，復為詳補。今歷考《廬山集》、《高僧傳》及晉宋史，依悟本再為補冶，一事不遺，自茲可為定本矣。⓬

由此可見，今日所見之《十八高賢傳》，已經三位文人加工，他們已經根據史傳，在其中加入了不少可靠的材料。但即使如此，假的還是假的，攀附的痕跡，還是無法消去。

問題的關鍵，慧遠之時，既無「十八高賢」之說，也無「蓮社」名目；且《十八高賢傳》中的名錄，也非當時實況。

第一、自《高僧傳》起，至中唐止，從未見十八高賢之說。隋費長房《歷代三寶記》之慧遠本傳，不要說十八高賢，連立誓往生事也不提。唐之法琳見聞廣博，其《辯正論》搜羅六朝逸事極多，但只有「五賢」（劉遺民、雷次宗、周續之、畢穎之、宗炳）之說，未見「十八高賢」之稱。唐飛錫之《念佛三昧寶王論》，係淨土重要經典，也沒有說到「十八高賢」。直到白居易(772-846)之《白香山集》，方見有「廬山陶謝泊十八賢以還，儒風綿綿，相續不絕」之語，但不提慧遠、兼之「儒風綿綿」的十八賢，是否淨土宗所說的「十

⓫　陳舜俞《廬山記》。

⓬　志磐《佛祖統記》，卷26。（《大正藏》2035）

八高賢」，就很令人懷疑了。

第二、同樣，僧傳之中，也無「蓮社」二字。隋智顗有在匡山致晉王書，謂謝靈運穿鑿流池三所，既不言及蓮池，也無立社之說。到宋蓮社之說出現，但「蓮社」之名，出於何典，寓有何義，眾說紛紜。宋道誠《釋氏要覽》說：「蓮社之義，四說不同。」或以東林院中遍載白蓮，或以往生西方以蓮華九品接引，或以此社中人不為名利所污，或以廬山有木刻蓮華之刻漏（古之計時器）……很明顯，只因後人偽託，方會有無法定義的情況。

第三、據僧傳，同志立誓之一百二十三人中，其知名者僅劉遺民、雷次宗、周續之、畢穎之、宗炳、張萊民、張季碩、王齊之（即《佛祖統記》中之王喬之）八人，其餘皆沒有記錄。人數太多，擇其要而錄之，這是附合常情的。而《十八高賢傳》中「詳補」至三十七人，可能是當時史實嗎？

請看「十八高賢」：

佛陀耶舍——史傳慧遠曾與耶舍禪師行頭陀法，然彼「耶舍」絕非此「耶舍」！佛陀耶舍是律師而非禪師，且他從未到過南方。

佛陀跋多羅——他要義熙年間（410前後）方到廬山，來不及趕上元興元年(402)的盛會。

慧持——他是慧遠之弟，於隆安三年(399)離開廬山，入蜀後再也沒有回來，故也無法分身與會。

至於立誓之人，文繁不述，僅舉其有名者即可——道士陸修靜生於晉義熙三年(407)，不要說趕不上元興元年(402)上廬山，連慧遠是否能見到也是問題，因慧遠逝，陸才十二歲。

所以，後人津津樂道的「虎溪三笑」故事，也應是唐以後，儒釋道三教合流之風吹起之後的事。

所以，慧遠之時，離以立蓮社為標誌的淨土宗成熟時代，還有一大段距離。

事實上，廬山慧遠在佛學史上的地位，不讓其師道安。想當年，道安在襄陽分張眾徒，各人都一一囑咐，唯有慧遠不蒙一言，慧遠跪曰：「獨無訓勖，懼非人例。」道安答曰：「如汝者豈復相憂。」慧遠果然不辱師命：人格上，當建業年間朝廷僧尼遺臭，引起諸多攻難時；廬山東林，清泉環階，白雲滿室，一時精英，盡集匡廬。慧遠為僧伽立表率，為教法作辯護，影不出山，跡不入俗，卻砥柱中流，四方風向。修為上，晉代佛法之大宗：道安之般若，羅什之三論，提婆之毘曇，覺賢(358–429)之禪法，慧遠一身而兼濟，佛法各派得以廣為宏揚，慧遠之功實不可沒。作為東晉佛學之泰斗，慧遠的影響是無遠弗屆，只要不是站在狹隘的宗派立場上，企圖「獨霸」遠公；在全面論定慧遠的同時，找準方向，凸現彼與淨土宗的關係，還是能言之成理的。

佛法入華以來，站在種種立場上反佛的聲音從未斷過，但到東晉孝武帝時，由於部分僧尼摻入了宮廷醜聞之中，反佛的聲浪更是日益高漲。當時帝后及權臣司徒王道之佞佛，信寵尼僧，以至尼妙音等人「權傾一朝，威行內外」[13]，後來桓玄(369–404)篡立，劉裕繼起，史稱「晉祚自此傾矣」[14]。晉鼎之革，當然不能怪罪於佛教，但朝野非佛之言蠭起，則

---

[13] 《晉書・比丘尼傳》。

[14] 《晉書・孝武帝本紀》。

是必然的。除了政治上的攻訐（如許營上疏：「僧尼乳母，競進親黨……穢慢阿尼，酒色是耽。」❶聞人奭諫曰：「尼姆屬類，傾動亂時。」❶何無忌(?–410)把沙門列為導致朝政不綱的「五橫」之一❶），更出現了一大批在教理上否定佛教的人事——道恒作《釋駁論》、戴逵(?–395)作《釋疑論》，俱非報應之說；何無忌作論斥沙門袒服，蔑棄禮法。矛盾激化的結果，導致原本敬佛的桓玄，在稱帝前後，重興沙門敬王之爭於先（第一次敬王之爭，係庾亮[289–340]挑起），下教令沙汰沙門於後，佛教徒的頭頂，一時烏雲密布。

在此形勢下，觀察慧遠，一方面他在廬山開出一方淨土，跡不入俗，遠離紅塵，一掃彌漫朝野的烏煙瘴氣，重塑沙門的清淨形象。另一方面，卻可謂身在東林，胸懷天下，明代末年東林黨人之自況：「風聲、雨聲、讀書聲，聲聲入耳；國事、家事、天下事，事事關心」，還歸於慧遠，堪稱絕唱——對外來的非議，他挺身而出，作《釋三報論》、《明報應論》、《沙門不敬王者論》，絕不敢置身事外。對教內的事業，他更是義不容辭：羅什欲歸，他致書勸勉，又條陳略問，討論大乘大義；覺賢遭擯，他傾蓋相迎，並請其於廬山譯出《達磨多羅禪經》；西域高僧，若僧伽提婆、竺僧根、支僧純等，均曾止於匡山，蓋慧遠「懇惻咨訪」（《僧傳・慧遠本傳》語）也。故慧遠形象，絕非道家之「至人」抑小乘之「涅槃」境界所能摹寫，唯有儒家之「聖人」和大乘之菩薩方能概括。

---

❶　司馬光《資治通鑑》。

❶　《晉書・道子傳》。

❶　道恒〈釋駁論〉。

他的歷史功績，主要的不是因為他個人的修為，而是他對大眾的奉獻與教誨。在此意義上，我們說慧遠在氣質風貌上接續著北中國儒家文化精神，其意趣和作為都與當時佛教舞臺上名相化風氣更為接近。

面對著骯髒的政治，混亂的世道，無常的人生，塗炭的生靈，篤信報應的慧遠，於沉溺生死之苦，累劫輪轉之痛，當然是深感憂懼。故共修念佛三昧，以期往生西方，很自然地成為遠公修己成人、普度眾生的不二法門。無論是已經皈依佛法的善知識（如劉遺民等）， 還是位高權重的貴族（如司徒王謐），慧遠都諄諄告誡，要深慮「來生之計」。所以結社念佛之創舉，可以說是慧遠對其師道安之「無棄人」、「無遺物」之泥洹境界的最高實踐，最能反映慧遠面向社會、面向大眾的菩薩精神、聖賢情懷。從這個角度講，那怕慧遠之「念佛」還是禪定意義上的三昧，與後世口宣佛號相去甚遠，但其被尊為淨土初祖，卻不是空穴來風、無稽之談。

同樣的實踐「無棄人」、「無遺物」之大乘菩薩精神，「什門四哲」之竺道生，卻顯現出另一種完全不同的風貌。

道生大師在佛學史上的地位，堪與任何人媲美。他對佛性論、頓悟說的貢獻，使他名垂青史；至於「生公說法，頑石點頭」的故事，則更是超出了佛史的範圍，成為文學、藝術、民俗等眾多方面的長青主題。但道生生時的境況，卻不如後人描寫的那樣風光，不但遠不能與同時的慧遠相比，甚至可以說是重蹈著許多歷史上最偉大的藝術家、哲學家的覆轍——生前寂寞，身後光大。這使我們想起當代德國社會學家韋伯(M. Weber, 1864–1920)的話，他說：學者的天職是專

心探究真理，而政治家的天職是應付時局。道生是最典型的學者，史傳道生「常以入道之要，慧解為本」❶。故他鑽仰群經，斟酌雜論，萬里隨法，不憚疲苦。真理往往不合潮流或超越時代，故他的寂寞或屬必然。想當年，生公為求真理「孤明先發，獨見忤眾。於是舊學以為邪說，譏憤滋甚，遂顯大眾，擯而遣之」❶。最後只有豎石為眾，為彼說法；縱有頑石點頭的佳話，雷震龍飛的祥瑞❷，縱然史傳他終於也得到當代的承認而獲得「涅槃王」的桂冠，但不可掩蓋的事實是：這樣一個屢作獅子吼的不世出之大師，至今其生卒年代無法精確考得，其著作沒有一本完整傳下（而今所知都是後人從他人著作中鉤沉而得），以致早在劉宋時代的何尚之(382–460)就發過感歎：「常謂生公歿後，微言永絕。今日復聞象外之談，可謂天未喪斯文也。」❷ 道生當年的遭遇可想而知！

但史料的湮滅絲毫無損於道生崇高的歷史地位，無減於道生思想的奪目光彩，因為他是當時佛教史上南中國文化精神的最傑出代表、般若化精神的集大成者，他是繼道安之後，佛教中國化的又一里程碑式人物。

畢生沉浸於佛法大義之思索探求之中，竺道生當然無暇於人情世故，以致不能見容於當時，《高僧傳》的記錄維妙維肖：「而守文之徒，多生歎嫉。與奪之聲，紛然競起。」而

---

❶ 慧皎《高僧傳》，卷7，〈道生傳〉。(《大正藏》2059)

❶ 慧皎《高僧傳》，卷7，〈道生傳〉。(《大正藏》2059)

❷ 慧皎《高僧傳》，卷7，〈道生傳〉。(《大正藏》2059)

❷ 轉引自湯用彤《漢魏兩晉南北朝佛教史》，頁482。

釋慧琳為其所撰的〈誄文〉中更是一語中的：「物忌光穎，人疢貞越。怨結同服，好折群游。」然而，造成他孤立寂寞的原因，正是他成功偉大的根源——如果說慧遠是一文化巨人的典型，那麼道生則是以另一種方式和方法，宏法利生，成己度人，予歷史以重大影響。

慧遠宏法，主要是靠他的感召力，靠他的弟子南北宏傳，其途徑主要是譯經。道生雖然也師出有門（他曾於廬山從提婆學一切有部，入長安向羅什學般若三論，而曇無讖所傳之涅槃，他更是殫精竭慮），但他之宏法，並不是在於他學兼三家，而是靠他對佛法大意的究竟把握、讓佛法在當代重新的巨擘氣魄。

首先，請看道生所關心的主題：一是佛性論，二是頓悟說。佛法何等廣大！所涉論題，何止百千，借用佛教成說，堪稱「恒河沙數」。然而一旦大法東來，中國人所格外關心、因而廣設問答、往復討論的問題並不多，此乃文化選擇的規律之所然。而佛性論和頓悟說，正是中印文化之交融過程中被屢屢突出的兩個最重要的主題。自春秋戰國中國文化定型期以來，人性問題一直是中國人最感興趣的問題之一，從孟子（前372-289）的性善說到荀子（前313-238）的性惡說，到告子的不善不惡、可善可惡說……直接為中國人的修養論張本，實是「百家爭鳴」的精髓。從世俗世界到神聖世界，佛性接續人性，故佛性論之被凸出，乃是理事順章之勢。至於頓漸之爭，晉陳以還，種種說法如山花爛漫，反映了富於實踐理性精神的中國人對佛法究竟的一種務實入世之發問和要求；而道生之「大頓悟說」，則是其中最世俗化的一種，故

不為當時恪守經典者所容，而卻為中國文化所歡迎而弘布。
綜上所說，道生大師在中國佛教史上的不朽地位，首先就是
因為他自覺地把握了歷史的脈搏，緊緊抓住了時代的主題而
作出回答。不同於生吞活剝印度佛法的陋僧，道生牢牢地立
於中國文化的本位上，時時不忘以中國人的腦袋去思考、抉
擇，這正是文化選擇的第一要義。

　　其次，不同於那些只知道向經書、向古人、向師傅討生
活的芸芸眾生，道生最大的特色乃是不拘成說，開動腦筋，
以自己的踐履，去體證佛法大義。

> 生既潛思日久，徹悟言外。乃喟然嘆曰：「夫象以盡意，
> 得意則象忘。言以詮理，入理則言息。自經典東流，譯
> 人重阻，多守滯文，鮮見圓義。若忘筌取魚，始可與言
> 道矣。」於是校閱真俗，研思因果，乃言善不受報，頓
> 悟成佛。又著《二諦論》、《佛性當有論》、《法身無色
> 論》、《佛無淨土論》、《應有緣論》等，籠罩舊說，妙有
> 淵旨。而守文之徒，多生嫌嫉。與奪之聲，紛然競
> 起。❷

老莊的語言，玄學的思路，道生所持乃是南中國文化強調對
人生真諦直接體驗的立場；而觀其結論，則更是石破天驚，
大有「語不驚人死不休」之氣概，實無愧於史家「四依菩薩」
（依法不依人，依了義經不依不了義經，依義不依語，依智
不依識）之推崇。這「四依」，正是般若化意趣的最生動寫照，

❷　慧皎《高僧傳》，卷7，〈道生傳〉。（《大正藏》2059）

同時亦是中國佛教生生不息的優良傳統。

道生一生，沒有道場，沒有顯赫的門徒，學不遵師承，說不套經典，故其影響於當時，遠不能與慧遠大師相比。但他「悟發天真」， 以海納萬川之氣概，融百家於一爐，以罕見的天才，為整個中國文化史、中國佛教史點燃了一座永不熄滅的航標——修習佛法，絕不能忘卻目的！是凡夫俗子的人，去修習佛法，超凡入聖而最後成佛。若非人人皆有佛性，則何能把握人生本體？若非頓悟而當世成佛，則何能把握宇宙本體？道生所要求中國人的，不是在紙面文字上接受佛教，而是以自身的實踐以發展佛教、建設佛教。道生以佛教的語言，觸及了任何宗教的最高命題，同時也就指明了中國佛法繁榮的永恒源泉。就此而言，道生在中國佛教史上的影響之深廣，無人能及。湯用彤先生《漢魏兩晉南北朝佛教史》一書論定道生大師的歷史地位，研究角度是他個人的，但結論卻是史家共通的：

> 實相無相，故是超乎象外。（《般若》義）佛性本有，則是直指含生之真性。（《涅槃》義）夫性既本有，則悟自須自悟，豈能與信修（信經教而修，非由自悟）無別？而理超象外，為不可分，則悟體之慧豈能謂有差異？以有階差之悟符彼不分之理，據情則必不然。是則見性成佛，必須頓得自悟，亦理之不可易者矣……生公歿後，微言未絕，至於有唐，頓悟見性之說大行，造就數百年學風，溯其源頭，固出於竺道生也。（生道生全部學說，根本有二：一般若掃相義，一涅槃心性義。二者菩提達

磨之禪教均所注重……據此則生公與禪宗人之契合，又
不只在頓悟義也。）❷❸

廣而言之，中國佛教各宗派，都承道生思想法雨滋潤；
狹而言之，中國化最徹底的禪宗，則是直承道生之法脈。說
道生是禪宗的不眺之祖，實是言之成理，持之有故。

第三節　宗派的自覺——達摩、曇鸞

菩提達摩(?-528)入華的年代，按當前學術界的共識，在
宋亡以前，約公元470年左右。較之佛法入華，整整晚了四百
年。然而翻閱史書，特別是禪宗《燈錄》，往往感覺不到這
個「時差」——作為禪宗的歷史源頭，達摩西來，被賦以極
其神祕色彩和意義。

然而超越宗派的立場，拂去歷史的塵埃，初來中國的菩
提達摩，其境遇與其他來自西域、天竺的沙門沒什麼兩樣——
除了少數例外（如鳩摩羅什，他是以國賓身份被迎入中國的，
故其宏法條件極其優越），大多數外國僧人必須首先要尋得支
持者、立足點，方有條件譯經傳教。在此以前，他們不得不
甘於寂寞，猶如當年孔老夫子一樣，周遊列國，以期識者。
在形相上，他們可能惶惶如喪家之犬；但在精神上，卻絕對
是天將降大任於斯人，以佛法傳播者而自重。

---

❷❸　湯用彤《漢魏兩晉南北朝佛教史》，頁452。

> 永寧寺，熙平元年太后胡氏所立也……殫土木之功，窮
> 造形之巧。佛事精妙，不可思議……時有西域沙門菩提
> 達摩者，波斯國胡人也，起自荒裔，來遊中土；見金盤
> 炫日，光照雲表，寶鐸含風，響出天外，──歌詠讚嘆，
> 實是精功，自云：「年一百五十歲，歷涉諸國，靡不周
> 遍；而此寺精麗，閻浮所無也。極佛境界，亦未有此。」
> 口唱南無，合掌連日。
>
> 修梵寺有金剛，鳩鴿不入，鳥雀不栖，菩提達摩云，得
> 其真相也。❷

　　這兩條材料是迄今所見關於達摩的最早記錄，見諸北魏
楊衒之《洛陽伽藍記》。楊與菩提達摩是同時代人，故其書
當真實可信。

　　另一條較早的可信材料，則是達摩後一百餘年，唐道宣
(596–667)所著《續高僧傳》中的〈達摩傳〉。因為道宣的時
代，禪宗還不發達，對達摩等祖師的神化運動尚未發動，故
道宣所記，也應可靠。

> 菩提達摩，南天竺婆羅門種，神慧疏朗，聞皆曉悟。志
> 存大乘，冥心虛寂，通微徹數，定學高之。悲此邊隅，
> 以法相導。初達宋境南越，末又北度至魏。隨其所止，
> 誨以禪教。於時合國盛宏講授，乍聞定法，多生譏
> 謗。❷

---

❷　楊衒之《洛陽伽藍記》，卷1。(《大正藏》2029)

　　兩組材料都非常簡單，並且所記的達摩籍貫不同，行事
風格不一；與後世禪宗《燈錄》所描寫的達摩老祖，更是在
時間、地點、人物、情節上無一相合。然而正因如此，更說
明其真實性。因為在楊衒之的眼中，菩提達摩實是無數外國
沙門中的一個，為了強調京洛寺院的壯麗不凡，他引用了達
摩的話，除此以外的達摩其人其事，他當然不會感興趣，也
就不會記錄下來。到百年之後，達摩所傳，已有影響，作為
《僧傳》作者的道宣，當然要為他立傳。但道宣所記，也是
依初唐達摩後學的所說所為，來逆推達摩；故《續高僧傳》
重於達摩禪法的內容和特點（上述引文後有對達摩所傳「四
行」和「壁觀」的大段敘述），　而疏於達摩的時代籍貫、入
華後的故事經歷。長江大海，源於涓涓細流；在禪宗的歷史
源頭上，達摩老祖確不會有石破驚天之語、驚天動地之舉。

　　然而數百年後，隨著禪宗成長壯大，風行全國，禪師們
對法統的序列和對祖師的神化也日顯迫切，達摩就首當其衝
地成為禪師們刻意粉飾和盡情聖化的對象。

　　平凡的，甚至艱難困苦的經歷和單純的壁觀冥坐，當然
不能適應宣傳的需要；而時地人事的模糊空白，恰好提供了
再造的可能，於是乎──

　　當年連何國人士都不清楚的普通沙門，一下子變成了悟
性超凡的南天竺香至國三太子，直得如來心傳而行化震旦。
當年由南而北，「遠涉山海，遊化漢魏」的頭陀行，居然變
成見梁武帝，說梁武帝造寺寫經「並無功德」，　聖諦第一義
是「廓然無聖」的故事；然後因「帝不領悟」機緣不契，一

　❷❺　道宣《續高僧傳》，卷16，〈達摩傳〉。（《大正藏》2060）

葦度江，飄然而去，何等的灑脫！

當年被道宣評為「誦語難窮」、「理性難通」的「大乘壁觀」，變成了少林寺內面壁九年的神秘境界。

當年一線單傳，多被譏謗的困苦局面，變成陋僧忌妒；六度下毒，還是無法得逞的宵小干擾，變成了求法之人要立雪斷臂方肯傳授的心心相印。

當年只知道達摩「游化為務，不測於終」，後人居然知道是葬於熊耳山，昭明太子作文遙祭，梁武帝為之立碑，最後「只履西歸」，達摩老祖的結局是理所當然的榮耀和圓滿。清楚精確的時間地點，生動連貫的情節故事，再加上托名的著作，附會的古蹟……被套上神聖光環的菩提達摩，終於成為中國歷史上僧俗共敬婦孺皆知的人物。

匆匆千年，中國古代文化進入末期，清乾嘉以還，疑古之風大盛，閻若璩(1636–1704)鼓吹於前，康有為(1858–1927)大成於後，表面上是考據文章，實質乃是對中國古代文化及傳統價值觀之懷疑、否定的時代思潮之反映。在經史子籍全面審查，連孔門聖典也敢辨偽的形勢下，菩提達摩一介洋和尚算得了什麼。更何況達摩故事本是假多真少，一經考據，破綻百出，結果「竟有人疑達摩為無是公烏有先生一流的人」❷⁶。在中國古代聖賢個個背時倒霉的時代，達摩則乾脆被逐出歷史領域，成為一個神話人物。

直至本世紀初，近代啟蒙理性精神和實證科學方法的光芒，終於照到了禪史研究領域。以敦煌石窟藏經的整理為契機，先輩人德們辨章學術，考鏡源流，居然把禪宗的歷史重

---

❷⁶　胡適〈菩提達摩考〉，柳田聖山主編《胡適禪學案》，頁53。

新疏通了一遍。其執牛耳者為胡適先生，他的〈菩提達摩考〉(1927)和〈楞伽宗考〉(1935)對達摩其人其事逐條考證，正如鈴木大拙所盛讚：「眼光銳敏，整理精緻，實堪欽佩；至於出發於科學的見地和處理才能，更令人嘆為觀止。」❷⑦最重要的是，胡適據燉煌文獻考定道宣所記的「二入四行」確是達摩所傳禪法；並指出其確為中國禪宗的真正源頭，終於還達摩以歷史原貌而給予公正的評價。三十五年後，印順法師含英咀華、剖析經理，著《中國禪宗史》，把中國禪宗自達摩始的分化流變，基本廓清，堪稱蓋棺定論。

　　然而一旦能分清哪些記載是當年的事實，哪些傳說是後人的增益，我們不得不更佩服達摩老祖敏銳的歷史感，他天才地把握了當時中國佛教發展的脈絡，自覺地選擇了其中一支，發動了延續千年的禪宗歷史大潮；同時也更佩服後世禪僧的高度領悟力，他們附會於達摩身上的故事，何等精確地凸現了達摩思想的核心，何等恰當地闡述了達摩大師的歷史地位和意義！

　　達摩入華，正逢中國佛教在大規模翻譯經典、講授注疏的基礎上清算玄學的時代，名相之學如日中天，所謂「合國盛宏講授」，乃是世風最生動的寫照。而達摩正是因為堅持了另一迥然不同的立場和方向，故迭遭非議甚至備受迫害。

　　達摩禪法，據道宣《續高僧傳》，他已見到達摩弟子曇林所記的「二入四行」並抄錄下來。後來在燉煌寫經中發現的淨覺(683–750?)《楞伽師資記》(720頃作)，也有曇林所序的〈略辨大乘入道四行〉。兩下對照，可見達摩定法確就是「二

---

❷⑦　轉引自柳田聖山〈胡適博士與中國初期禪宗史之研究〉，頁11。

入四行」：

> 夫入道多途，要而言之，不出二種：一是理入，二是行
> 入。理入者，謂藉教悟宗，深信凡聖含生同一真性，但
> 為客塵妄覆，不能顯了。若也捨妄歸真，凝住壁觀：無
> 自（無）他，凡聖等一，聖住不移，更不隨於言教。此
> 即與真理冥符，無有分別，寂然無（為）， 名之理入。
> 行入者，所謂四行；其餘諸行，悉入此行中。何等為四
> 行？一者報怨行，二者隨緣行，三者無所求行，四者稱
> 法行。❷⃝

「四行」的具體闡述，文字太長，不再全引。要之前三行是
對「怨憎會」、「愛別離」、「求不得」諸苦的破解；其特色是
「順物」， 也就是不違世俗，恒順眾生，從克己中去利他。
稱法行是「方便」， 即以「無所得為方便」而行六度；其特
色是行菩薩大行而無所行，攝化眾生而不取眾生相。總之「四
行」強調的是在實踐中修習，而不是心性上的解說。

　由此而觀，達摩禪法大乘般若化的特質極為明顯：他以
「理入」、「行入」並舉，恰是定慧雙修、趣入菩提道，一面
要「見道」——悟入諦理，同時還要付諸實踐——本著悟入
的見地，在實際生活的行住坐臥中去融洽、銷除無始以來的
積習，達到究竟圓滿的境界。達摩禪法亦有經教依據，並有

---

❷⃝　曇林序〈略辨大乘入道四行〉，引自淨覺撰《楞伽師資記》，
　　《大正藏》2837）。道宣《續高僧傳》，卷16，〈達摩傳〉中所錄，
　　除少數字有出入，內容完全一致。

嚴密的邏輯基礎——「深信含生同一真性，但為客塵妄覆，不能顯了」，這是如來藏說的理論；依此深切信解，「舍妄歸真」、「藉教悟宗」，從依言教的聞而思，到不依言教的思而修，通過「四行」實踐，最後達到「與真理冥符，無有分別，寂然無為」的如智不二的般若境界，也就是（分證）成佛了。不靠神通、不落名相，既有邏輯、又有實踐，自覺聖智、攝化眾生，正如印順法師所評：

> 達摩從印度來，所傳的教授，精妥簡明，充分顯出了印度大乘法門的真面目。❷⁹

這種禪法對印度佛教而言，是新世界觀的萌芽；對中國佛教而言，則更是般若化的代表，無怪達摩定學初到中土，執著名相的「守文之徒」無法理解而大加「譏謗」，而百年之後道宣律師能力排眾議，高推其「大乘壁觀、功業最高」。

達摩時代，尚未發展到「不立文字」從而以廢棄經典來顯示機鋒的階段，但般若化的自覺意趣，已通過對經典的抉擇和解釋而明確流露。達摩以來的早期禪宗，以四卷《楞伽經》印心，當是史實。道宣《續高僧傳・慧可傳》說：初，達摩禪師以四卷《楞伽》授可曰：「我觀漢地，唯有此經，仁者依行，自得度世。」道宣還說慧可的弟子「那滿等師，常齎四卷楞伽以為心要，隨說隨行（那是慧可的弟子；滿是那禪師的弟子，與道宣同時人）」。相傳四祖道信(580–651)所著的《入道安心要方便》說：「我此法要，依楞伽經諸佛心

---

❷⁹ 印順《中國禪宗史》，頁12。

第一」。《壇經》記載五祖弘忍(601-674)在東山，曾想「畫楞伽變相」。 淨覺所著《楞伽師資記》說：弘忍有十大弟子，其中「神秀論楞伽經，玄理通快」。唐張說(667-730)為神秀撰〈荊州玉泉寺大通禪師碑銘並序〉說神秀「持奉楞伽，遞為心要」。 甚至到慧能(638-713)門下，南禪的創始人，洪州宗大師馬祖道一(707-786)也直言不諱：

> 達摩大師從南天竺國來，躬至中華，傳上乘一心之法，令汝等開悟。又引《楞伽經》文，以印眾生心地。恐汝顛倒，不自信此心之法各各有之，故《楞伽經》云：「佛語心為宗，無門為法門。」 [30]

因此史實，古有玄賾（弘忍弟子）、 淨覺師徒先後撰《楞伽人法志》和《楞伽師資記》， 敘述達摩以來的師承法要；今有胡適撰〈楞伽宗考〉以為達摩所傳的就是楞伽宗，要到慧能以後中國才有禪宗可言。眾說紛紜，正如印順法師所說：

> 達摩傳授四卷《楞伽》的意義，也許學者們看法不同，而當時有四卷《楞伽》的傳授，是不容懷疑的事實。 [31]

而我們所感興趣的，正是上述史實的歷史意義。

其實根本不必神化達摩，他以四卷《楞伽》印心之本身，就有點不同尋常。一般的西來大德，都是直接從梵文原典的

---

[30] 普濟《五燈會元》，卷3，江西馬祖道一禪師。

[31] 印順《中國禪宗史》，頁14。

翻譯開始傳法，因為他們的華文程度總有欠缺，若不親自傳譯，說法只能泛泛而談，無法精確深刻；再者，介紹外國的東西，總以原文翻譯更具權威性，這是古今共通的。但達摩卻傳授已譯成華文的四卷《楞伽》，這固然與達摩入魏以前已經在中國長期逗留，想必精通漢語有關，但其中是否更有值得進一步探討的信息在？當時的中國，幾乎所有的佛典已經譯出，就主流而言，南方弘通中觀，北方流行瑜伽；但由流支、真諦所傳譯的瑜伽經典，乃是源於天竺的阿賴耶說，而達摩所傳的四卷《楞伽》，就淵源而言，屬南天竺的如來藏說；這一支法脈，何以更能契合中國人的心？達摩到北魏，魏地早有菩提流支於延昌二年 (513) 譯出的十卷本《楞伽經》廣為流傳。達摩卻捨近就遠、避熟就生，以求那跋陀(394–468)於宋元嘉二十年(443)譯出的四卷本《楞伽阿跋多羅寶經》授法。這一選擇除了與史說達摩初達宋境南越有關，是否還有更深的意義？

達摩以華文經典印心傳法，當然能推知他精通漢語，但如僅此而已，那未免有點掉以輕心，至少是忽視了一個重要而強烈的暗示：與其他宗派不一樣，禪宗在其入華的第一個環節上，達摩禪法就深深被打上了般若化的烙印！雖然不像史傳那樣，達摩初入魏境就有一百五十歲，但達摩高壽，當是事實。他的大半生在中國度過，對高僧而言，壯老年更是顛峰時期，故「二入四行」作為他一生心血的結晶，很可能不是印度佛法中現成就有的，而是他在中國長期弘法實踐的產物。所以，達摩以《楞伽》印心的意義，值得再作深探。

就史料說，達摩以四卷《楞伽》授與慧可時曾說道：

我觀漢地，唯有此經，仁者依行，自得度世。

按漢語的語法結構，「我觀漢地」四字後省略了賓語的主詞，完整的說法如：

「我觀漢地（文化）……」

「我觀漢地（的經典）……」

都能說得通。兩種說法無論取哪一種，都說明達摩以《楞伽》印心，是「我」「觀察」實踐之後的自覺選擇，很可能是沒有印度的師承，至少達摩在印度所學不止《楞伽》一經，否則他是沒有資格說此話的。

就精神說，《楞伽經》把所有的禪法分為四類：愚夫所行禪（即是凡夫外道禪）、觀察義禪（即是悟我空之理、離生死之苦、空空寂寂、灰身滅智的小乘禪）、攀緣如禪（即是證我法二空的大乘禪）和如來禪。

云何如來禪，謂入如來地自覺聖智相三種樂住，成辦眾生不思議事，是名如來禪。❸

如來禪以契合於如來藏（《楞伽經》所奉，即是真如、佛性）的攀緣如禪（即是大乘菩薩所得之涅槃境界）作為階梯，以自覺聖智作為自身的內容，故是止觀的最高層次。《楞伽經》

❸ 求那跋陀譯《楞伽阿跋多羅寶經》，卷1。（《大正藏》670）

進而又強調法身與化身的不同：法佛是「自覺聖所緣境界建立施作」，化佛是「說施戒忍……分別觀察建立」，於是有「宗通」與「說通」的區別：

> 佛告大慧：一切聲聞緣覺菩薩有二種通相，謂宗通說通。我謂二種通，宗通及言通。說者授童蒙，宗為修行者。❸

強調「說通」是言說的、初學的、啟蒙的、非究竟的；「宗通」方是自證離文字的、真實的、修行者的、根本的。本來，區別「教法」（佛說大小三藏十二部教之聲名句文）和「證法」（聲聞、緣覺、佛三乘各各自證之道法）而以「自覺聖智」為目的，乃是一切佛法的通義。但達摩禪法「排小（乘）舍大（乘）、獨建一家」，特別拈出「宗通」與「說通」的對立，以如來禪自居，直接開後世禪宗「教外別傳」、「不立文字」之先河，這就不是印度佛教的特色；非得從當時中國佛教界「合國盛宏講授」，而達摩老祖「悲此邊隅，以法相導」、「悲悔邊國正教陵替」的角度，方能理解。由此觀之，達摩所說「我觀漢地，唯有此經，仁者依行，自得度世」，絕非虛言！

　　以上論述，乃是就《楞伽經》總體而言，如果我們再進一步玩味四卷與十卷《楞伽》的不同，或能從達摩以《楞伽》印心的史實中看到更多的東西。

　　就經論深義而言，四卷《楞伽》與十卷《楞伽》沒有什

---

❸　求那跋陀譯《楞伽阿跋多羅寶經》，卷1。(《大正藏》670)

麼重大的區別；但翻看兩本《楞伽》，印象居然有強烈的不同。並且令人感到奇怪的是：後譯（513年譯出）的十卷《楞伽》顯得生硬、更多印度味，而先譯（443年譯出）的四卷《楞伽》反而圓熟，更多中國味。例如，十卷《楞伽》一開始長長一段〈請佛品〉，充滿了神異奇跡、先知妙相的描寫，四卷《楞伽》就全然沒有。再如翻譯用語，十卷《楞伽》用「阿梨耶識」，四卷《楞伽》則是「藏識」；四卷《楞伽》用「漸」、「頓」，十卷《楞伽》則用「次第」、「一時」……至於前面提到的「宗通」、「說通」、「自覺聖智」，十卷《楞伽》中「建立如實法相」、「建立說法相」、「內身證得聖相」。對比之下，簡直不相信是同一時代的先後譯品，這絕不是譯主的修養風格問題，而是當時南北中國文化氣質的不同所致，則達摩的選擇大有深意。這樣的高度和深度上看達摩在四卷《楞伽》和十卷《楞伽》之間的選擇，更是意味深長——同樣說「自覺聖智」，同樣說「宗通」、「說通」，用語不同、腔調不同、氣質不同，其精神和效果更是不同。古印度的瑜伽行派，本有南北二法門：阿賴耶說，弘通於（由）西（而）北印度；如來藏說，弘通於（由）東（而）南印度。各自發展，由《勝鬘經》開始結合，遂有《楞伽經》的「如來藏藏識心」。故同一《楞伽經》，本有兩個源頭。到了中國，北方流行的是流支、真諦和後來的玄奘大師(600-664)所譯的經典，屬阿賴耶系統；十卷《楞伽》中用「阿梨耶」云云，說明由於地域、流派的因素，其傾向和重心在阿賴耶緣起說。南方流行的，則是由求那跋陀譯出、菩提達摩弘傳的四卷《楞伽》，明顯地重視自覺聖智的如來藏說。前者立八識之說，以第八識阿

賴耶識為第一義諦。常住不變之清淨心，因種子現行相互薰習而變生一切法，能變之識唯此阿賴耶識，由此一切眾生皆有佛性，畢竟成佛。此阿賴耶緣起說名相煩複、理論深奧，頗具印度氣息，故雖有玄奘之聲望和唐太宗之支持，由該說發展而來的法相唯識宗，僅興盛一時旋即熄滅。後者開真如、生滅二門，以如來藏為真如、為佛性、為自性清淨心；故一切眾生有佛性，僅因煩惱客塵所覆而不能顯了，故恢復本來清淨心，一切眾生皆能成佛。此如來藏說簡潔明快，立竿見影，頗契中國人心，故能歷盡艱險而迅速流傳。所以，在達摩選擇四卷《楞伽》的背後，乃是印度佛學選擇了南中國文化；中國文化選擇了玄學化的佛學……

達摩的時代會過去，達摩老祖會離開人世，但達摩的精神，卻是後繼有人，長存於歷史，成為禪宗永恒的指南。禪宗史上關於達摩的幾個最有名的故事，一無例外地著眼於宣揚達摩對佛法大義的重新詮釋，歷史舞臺上達摩大師，絕對是南中國化、般若化的典型。

首先請看達摩得法的故事。相傳禪宗西天二十七祖般若多羅行化至南天竺國，意欲試探香至王三個兒子的悟性，就拿出一顆寶珠問他們說：「此珠圓明，有能及否？」兩個哥哥的回答是：「此珠七寶中尊，固無逾也。非尊者道力，孰能受之。」「七寶」是佛教中所說的七種寶貝，如金、銀、琉璃、珊瑚、瑪瑙、珍珠等，其中以一種叫「赤珍珠」的最為珍貴難得，般若多羅所出示的，大概就是這種珠子，所以兩個王子如此回答。但般若多羅並非真的在問珠子，所以他倆的回答只是顯示了他們悟性的低下。然而第三子達摩即一下子把

問題的本質抓住，他說：

> 此是世寶，未足為上。於諸寶中，法寶為上。此是世光，
> 未足為上。於諸光中，智光為上。此是世明，未足為上。
> 於諸明中，心明為上。此珠光明，不能自照，要假智光。
> 光辨於此，既辨此已。既知是珠，即明其寶。若明其寶，
> 寶不自寶。然則師有其道，其寶即現。眾生有寶，心寶
> 亦然。❸

小小的一顆珠子，引出了一篇高論！達摩知道般若多羅是在
問：世上何物最「圓明」？ 也就是問何為佛法？佛法何在？
對此，達摩作了極精彩的論述，表現了超凡的悟性。他說：
這珠子是「世寶」、「世光」、「世明」， 但還比不上「法寶」、
「智光」、「心明」， 而後者當然是唯佛所有。僅此三句，已
表現出相當高的境界，但最透徹的悟性還是接下去的說明，
即珠子雖然光明耀眼，但卻不能自己肯定自己，它還要靠智
慧來肯定它：是光明的、是珠子、是寶貝。要靠外在的存在
來肯定自己是寶貝的東西，其自身決不會是寶貝。真正的寶
貝只能是第一義的，能夠明鑒一切的「智光」， 這就是老師
你所有的「道」。誰得到了這「道」，誰就得到了真正的寶貝。
達摩的這段話，不但點明了禪宗自「如來拈花，迦葉微笑」
所傳下的「正法眼藏」是什麼，而且在理論上作了論證，無
怪般若多羅不僅欣然傳法於他，而且把行化震旦，宏大禪宗
的歷史重任委之於他。

---

❸ 普濟《五燈會元》，卷1，二十七祖般若多羅尊者。

　　緊接著是達摩到中國之後首次「亮相」——根據般若多羅的「記莂」（又作「記別」，是祖師按「劫數、國土、佛名、壽命」等項書寫的關於弟子「成佛」的預言），　達摩肩負著歷史的重任，「泛重溟，凡三周寒暑，達於南海，實梁普通七年丙午歲九月二十一日也」。　次年十月一日，達摩到金陵，見梁武帝。梁武帝問：「朕即位以來，造寺寫經，度僧不可勝記，有何功德？」梁武帝這話可一點不假，蕭衍稱帝不久，就宣布「唯佛一道，是為正道」，　令公卿百官宗室「收偽就真，捨邪入正」，把佛教定為國教。他本人還四次捨身金陵同泰寺充役，又四次為臣下以巨款贖回。有梁一代，僅金陵一處，就有佛寺五百餘所，僧尼十餘萬人，遂使唐人杜牧「南朝四百八十寺，多少樓臺煙雨中」之嘆。但是，梁武帝萬萬想不到達摩給他的評價是「並無功德」四個字。對這種徹底的否定，梁武帝當然不服，他追問：「何以無功德？」達摩答道：「此但人天小果，有漏之因，如影隨形，雖有非實。」人天果屬六道輪迴之中（六道又稱六趣：地獄趣、餓鬼趣、畜生趣、阿修羅趣、人趣、天趣），　不脫三界，離超越生死的成佛境界距離甚遠，故稱小果，有漏因，無論是五逆十惡還是五戒十善，都只能招致迷惑眾生所處的三界之內的輪迴果報。所以，你梁武帝所為一切都是影非形，是虛非實，做得再多也不會成佛。然而，成佛是梁武帝最熱切的願望，面對著從佛的故鄉來的高僧，他當然不肯放過當面請教的機會：「如何是真功德？」達摩只能以否定的方式作答：「淨智妙圓，體自空寂，如是功德，不以世求。」他指出：靠世傳的一套，造寺寫經，戒齋度僧，坐禪念佛，是永遠也不能成佛的。這

下梁武帝忍耐不住了：你這是什麼佛教，與經書上說的全然不同！於是他由故作謙虛的請教變成了出辭鋒利的挑戰：「如何是聖諦第一義？」——什麼是佛學最根本的理論？什麼是一切經典的共同主題？達摩真心誠意地回答：「廓然無聖」——沒有，你所說的這種「聖諦」是不存在的。這下可讓梁武帝抓住把柄了：「對朕者誰？」——站在我面前的是什麼人呢？難道不是佛的子弟嗎？難道不信佛法嗎？那麼你到中國來又想幹什麼呢？達摩的回答依然是嚴肅的：「不識」——這恰恰是需要自己親證體悟的，一旦說出，就是第二義的了！對話終於不能繼續下去了，「帝不領悟，祖知機不契」，這次會面終於不歡而散。梁武帝根本無法理解，達摩想傳給他的，正是佛的根本大法，達摩對佛經佛法的大膽否定，正是旨在闡明「教外別傳」的真諦。對於追求內心開悟、頓悟成佛的禪宗來說，造寺寫經，度僧念佛當然不算功德；對於想要把佛祖融入自身的禪宗來說，當然不存在什麼外在的佛法聖諦；對於孜孜追求經書文字的梁武帝來說，達摩是個什麼境界，他當然無法理解！

上述故事與更早出現的、甚至於荷澤門下所傳出的著作中就見到的故事，如「面壁九年」、「折葦渡江」、「六度被毒」、「武帝立碑」、「昭明遙祭」、「只履西歸」……組成了浩浩蕩蕩的「達摩系列」；再由「西天二十八祖」的法系，直接與「如來拈花，迦葉微笑」接通法脈。通俗易懂、生動活潑的故事，遠遠勝過了晦澀難懂、詰屈聱牙的「二入四行」、「楞伽印心」，口口相傳而活躍於整個禪宗史上，成為禪宗開宗立派、發揚光大的重要「輿論工具」，其歷史影響和被接

受的程度，甚至掩蓋了真實的歷史。

　　然而，無論是「客觀」的歷史（當時確有其事），還是「主觀」的歷史（後人摻入，被普遍承認、接受而成傳統），其般若化的意趣是異乎尋常的一致。領導著整部禪宗史的究竟宗旨，早在達摩時代就被揭櫫，並且成為一條貫穿千年的紅線。因此，如果一定要尋找一個確定的源頭的話，中國禪宗史的追溯，必然是從「東土初祖」菩提達摩開始。

　　在中國淨土宗史上，要找一個與菩提達摩在中國禪宗史上地位相當的人，則非北魏之曇鸞(476-542)其屬。曇鸞的名聲遠遠不及慧遠、道安、達摩等人，但他確是中國淨土宗史上繼往開來之第一人。

　　在本書的前幾章，我們雖然勉力追蹤淨土宗的「史前狀態」，但很清楚——從道安到慧遠時代，淨土崇拜還處於一片混沌之中，更談不上宗派的自覺了。首先是彌勒、彌陀不分，無論是譯經、造像還是踐履，彌勒和彌陀或是混為一談，或是平分秋色；要到曇鸞以後，彌勒淨土與彌陀淨土才涇渭分明。其次，「念佛」始終是忠於印度佛學的、從屬於禪定的「憶念」；要經曇鸞的重新詮釋和倡導，才獲得「他力本願」之「易行道」的自覺，從傳統的禪定中獨立出來。沒有這兩點自覺，淨土之立宗是不可設想的，正因如此，許多學者推許曇鸞為淨土宗之真正的初祖。

　　漢魏至兩晉，淨土經典作為一大系，譯出甚多；若再細分，則呈現出不同於後世彌陀經典獨盛的情況——彌勒系與彌陀系齊頭並進，而且往往是同一譯主並譯二系經典。具體見下列對照：

（甲）彌勒淨土經典

《大乘方等要慧經》後漢安世高譯（現存）

《彌勒菩薩所問本願經》西晉竺法護譯（現存）

《彌勒成佛經》法護譯

《佛說彌勒下生經》法護譯（現存）

《彌勒當來生經》兩晉失譯

《彌勒作佛時事經》東晉失譯

《彌勒來時經》東晉失譯

《彌勒所問本願經》東晉祇多蜜譯

《彌勒大成佛經》後秦鳩摩羅什譯（現存）

《彌勒下生成佛經》羅什譯（現存）

《觀彌勒上生兜率天經》涼沮渠京生譯（現存）

《彌勒成佛經》後秦道標譯

《彌勒下生經》陳真諦譯

《彌勒菩薩所問經》後魏菩提流支譯

《彌勒菩薩所問經論》留支譯（現存，《彌勒所問經》釋論）

（乙）阿彌陀淨土經典

（一）《大阿彌陀經》之譯本，即《大寶積經》第五會。

《無量壽經》二卷，後漢安世高譯

《無量清淨平等覺經》二卷，後漢支婁迦讖譯（現存）

《阿彌陀經》二卷，吳支謙譯（現存）

《無量壽經》二卷，魏康僧鎧譯（現存）

《無量清淨平等覺經》二卷，魏白延譯（疑即北涼白延）

《無量壽經》二卷，晉竺法護譯

《無量壽至真等正覺經》一卷，晉竺法力譯

《新無量壽經》二卷，宋佛馱跋多羅譯

《新無量壽經》二卷，宋寶雲譯

《新無量壽經》二卷，宋曇摩蜜多譯

（二）《小阿彌陀經》之譯本

《無量壽經》一卷，後秦羅什譯（現存）

《小無量壽經》一卷，宋求那跋多羅譯

（三）觀經之譯本

《觀無量壽佛經》一卷，宋曇摩蜜多譯

《觀無量壽佛經》一卷，宋畺良耶舍譯（現存）

（四）釋經論

《無量壽經論》一卷，魏菩提流支譯（現存）

與譯經的情況相對應，高僧的淨土信仰是系統分明的 —— 道安之奉彌勒，慧遠之信彌陀……但老百姓的情況就完全不

同了，最有力的證據見諸於洛陽龍門之造像銘文：

> 太和二十三年(499)，比丘僧欣造立之彌勒石像銘云：「為生緣父母並眷屬師僧，造彌勒石像一區。願生西方無量壽佛國，龍華樹下三會說法，下生人間侯王子孫，與大菩薩同生一處」。

> 永平三年(510)比丘尼法慶造立之彌勒像銘曰：「願來世託生西方妙樂國土，下生人間公王長者」。

> 同年，比丘尼惠智所造之釋迦像銘曰：「願託生西方妙樂國土，下生人間公王長者，又與彌勒俱生、值遇龍華樹下三會說法」。

> 武定七年(549)慧鑒造四佛菩薩之石像銘：「藉此功德，願亡者昇天，託生西方無量壽佛國」。

> 隋開皇十七年(597)之阿彌陀佛石像銘曰：「捨此穢形，面奉彌勒，託生西方」。

很明顯，彌勒與彌陀、兜率與西方，完全攪在一起了！

然自曇鸞以後，情況就開始發生變化。曇鸞的著作，除去屬醫學方面的外，現存的有《往生論註》二卷（解釋世親之《無量壽經論》），《讚彌陀佛偈》一卷（又名《無量壽經奉讚》、《大經奉讚》，依《無量壽經》而制），《略論安樂淨

土義》一卷（該書是迄今所見之對彌陀淨土作全面闡述的最
早論著）。他之專宏彌陀淨土信仰，躍然紙上。更重要的是，
曇鸞並不是照本宣讀，而是在註解中超越龍樹和世親，發揮
自己的見解——他所關注的問題及看法，為淨土教開宗立派
提供了主題和基點。

　　龍樹菩薩在《十住毘婆娑論》中首唱佛法修行有難行、
易行二道——在此土長久勤行精進而獲不退轉地，為難行
道；而同在此土稱念東方善德等十方十佛及阿彌陀佛、世自
在王等諸佛名號者，能疾得不退，為易行道。曇鸞對此極感
興趣，他在《往生論註》中開宗明義即立難行易行二道為主
題，但他的易行道卻迥然不同於龍樹所說。曇鸞認為：第一、
唯有往生（對立於此土的）淨土，方為易行道。第二、唯有
專念彌陀一佛，方能疾得不退。曇鸞的易行道，一是把淨土
與此土劃分清楚，對立起來；二是專宏彌陀他力本願。這兩
點正是淨土宗之所以吸引人的原因所在，也是歷代淨土宗大
德所討論和宣傳的最重要焦點。就此而言，曇鸞於淨土宗之
篳路藍縷之功，無人能比。

　　值得注意的是，後世淨土宗人為曇鸞立傳，與禪宗中人
對待達摩老祖一樣，作了許多附會增益。然而他們塗抹在曇
鸞大師頭上的光環，其色彩絕然不同於達摩，有的甚至能很
清楚地看出，是著意對立。這可能是中國佛教史的奇觀：假
冒的、編造的「史事」，往往攜帶著更多的歷史信息，更深
刻地揭示出歷史的真諦。

　　傳說曇鸞是山西省雁門（山西省代州，一說并州汶水）
人，由於俗家距離五臺山很近，十餘歲時，聞五臺山靈感化

跡之事，於是登山遊玩，心神歡悅，即發心出家。廣學內外諸典：窮研四論（中、百、十二門論，大智度論），及佛性諸問題。讀《大集經》時，因其詞義深密，難以啟悟，因而註釋。至一半時，忽感氣疾，後雖痊癒，想到人命之無常，乃立志先學長生之仙術。於是南遊建康（江蘇江寧），於梁武帝大通年間，抵達江蘇省之南京。梁武帝於重雲殿引見之，並就佛性問題有數度諮問。次日，梁武帝又在太極殿，降階禮接，並問曇鸞大師南來之意。曇鸞大師告以「欲學佛法，限年命促減，故南來造訪陶君隱居，求諸仙術」。武帝介紹，往訪句容山之陶弘景。陶君以其遠道來訪，接對欣然，便以仙經十卷傳授，用酬遠意。曇鸞獲得仙經後，即想覓一名山，修練仙術。當其返回北魏，途經洛陽，適逢梵僧菩提流支三藏，彼即啟問：佛法中頗有長生不死之法，勝於中國之仙經者乎？流支三藏菲薄仙經曰：「縱得長生老而不死，終更輪迴三有耳！並謂長生不死之法，唯吾佛道也。」於是傳授《觀無量壽經》，勸告其依此修行，當得解脫生死，獲得永久長壽。曇鸞因受流支三藏之啟示，毅然焚毀仙經，返其故鄉，專修無量壽之彌陀淨土法門。又教僧俗多人，隨其修學，自行化他，流靡宏廣！當時北魏帝王尊重其德，敕封為神鸞。並敕令住錫并州之大嚴寺。然後，又移住汾州北山石壁（山西省交城縣）玄中寺，集眾熏修念佛法門。於東魏興和四年(542)五月，示寂於平遙山寺，時年六十七歲。

上述記載中最核心的即是見菩提流支而皈依淨土的故事，唐道綽(562-645)《安樂集》據此而把菩提流支和曇鸞排入「淨土六大德」的法統之中，菩提流支被封為淨土宗鼻祖。

但很多學者早已指出：一是《僧傳》中並無菩提流支信仰彌陀淨土之記載，二是曇鸞之《往生論註》中多有毫不客氣地指責流支之處，故此事的真實性值得懷疑。很可能就是因為菩提流支是《往生論》的譯主，而曇鸞為之作註而大有功於淨土宗，衍出上述說法。但我們若是循著南北中國文化、名相化和般若化、禪宗和淨土宗同源異流、相輔相存的思路，去思考菩提流支被列入淨土宗法統一事的意義，就會發現一些非常有趣的巧合。

菩提流支何許人也？他雖然譯了《往生論》，但史書並無他信奉淨土的記錄（包括他的學生，也被列入「淨土六大德」的道寵）。真正決定流支之歷史地位的，乃是他翻譯了《十地論經》，他是當得起「鼻祖」的稱號，但不是淨土宗，而是──北道地論師。同樣的，道寵也因隨菩提流支受《十地論經》而是北道地論師的開宗人物。

問題在於，北道地論師的祖師，怎麼被張冠李戴地安上了淨土宗的帽子？歷史無法還原，然而我們的解釋是：北道地論師與淨土宗有著某種一致性。

公元四世紀末，元魏統一方之後，與南朝形成長達二個世紀的對峙。南北方在政治、經濟上互相攻擊、互相侵奪，在學術、宗教上也是相互排斥。自漢代以來傳入中國的佛教，多半是中觀學派；特別經鳩摩羅什在長安傳入龍樹、提婆的論著後，三論的學說儼然成為漢地佛教正統而為南朝君臣所奉持，故梁武帝蕭衍特別提倡三論及與三論有關的成實之學。與之對立，北魏統治者當然希望樹立新的學派，於是菩提流支、勒那摩提、佛陀扇多、瞿曇般若流支、毗目智仙等先後

入洛陽和鄴城傳譯印度新興的瑜伽學派，魏帝就特別推崇。
永平元年(508)菩提流支創譯《十地經論》，魏宣武帝（元恪）
親自筆受。北朝地論學派得以建立，其背景就有與南朝三論
學派相對立的意義。而南朝僧眾對北朝瑜伽學派也取排斥態
度，陳真諦三藏的譯著就被批評為「言乖治術，有蔽國風，
不隸諸華，可流荒服」，而不能南下，南北之分即夷夏之防的
態度，溢於言表。

再看曇鸞故事，就會有新的領悟：一個三論學者，因個
人經歷和名師指點，迷途知返，毅然盡棄所學（梁武帝乃是
倡導三論的最高領袖，他的禮接當然是一種含意深刻的暗
示），歸仰淨土。這絕不單是一個個人的信仰轉移，更是一
種文化自覺！其意義在於南北對立。正是在這個一致點上，
地論師變成了淨土宗，因為後者的聲勢、影響、歷史涵蓋面
遠超過前者。而曇鸞對淨土宗的意義，也正在於他把北中國
文化精神，注入於淨土宗的靈魂，賦於淨土宗以真正的生命。

無獨有偶，禪宗中人對菩提流支也很有興趣。

如前所述，達摩大師以四卷《楞伽》印心，乃是對南中
國文化的自覺；那末，十卷《楞伽》的譯主，理所當然地成
為北中國文化的代表。南北的對立，是如此之尖銳，以致演
為人生迫害、性命相搏。晚出的《景德傳燈錄》和《五燈會
元》說達摩大師「六度被毒」，兇手就是流支三藏：

> 時魏境奉釋，禪雋如林，光統律師，流支三藏者，乃僧
> 中之鸞鳳也。睹師演道，斥相指心，每與師論義，是非
> 蠭起。祖遐振玄風，普施法雨，而偏局之量，自不堪住，

競起害心，數加毒藥。至第六度，以化緣已畢，傳法得
人，遂不復救之，端居而逝。

　　而早出的《傳法寶記》、《歷代法寶記》和《寶林傳》則
隱隱約約地影射說，禪宗二祖慧可的死，也與流支之徒有關。

　　查諸史書，菩提流支、光統律師（北齊鄴城大覺寺僧，
本名慧光，入鄴而任國統之職，故稱光統；與道寵同受業於
流支三藏，係地論師宗匠）師徒固屬「僧中之鸞鳳」，但絕
無演道不及、六度下毒的卑鄙行徑。同一歷史人物，淨土宗
和禪宗，一褒一貶，天上地下，相差何其太遠！然而若能消
去宗派的渲染，二家所說，確還是有著一個共同的歷史事實
——請看道宣律師《續高僧傳》的記錄：

　　　其經本（指四卷《楞伽》），是宋求那跋陀羅三藏翻，慧
　　　觀法師筆受。故其文理克諧，行質相貫，專唯念慧，不
　　　在話言。於後達摩禪師傳之南北，忘言忘念無得正觀為
　　　宗。後行中原，慧可禪師創得綱紐、魏境文學，多不齒
　　　之。領宗得意者，時能啟悟。❸❺

同一本《楞伽經》，因南北文化的分野，傳出了不同的流派——
北傳的十卷《楞伽》開出地論師，繞個彎接通了淨土宗；南
傳的四卷《楞伽》開出楞伽師（胡適先生說是「楞伽宗」，即
是指達摩時代的早期禪宗），橘枳變體就有了禪宗。這才是
問題的根本！這就是菩提流支被扯進這攪不清的歷史公案的

---

❸❺　道宣《續高僧傳》，卷35（附編），〈法沖傳〉。《大正藏》2060）

根本原因！

綜上所述，禪淨兩家，從原始的、混沌合一的禪法中分流而出，其歷史淵源的追溯，可到達摩和曇鸞的時代。從他們開始，禪宗和淨土宗的宗派自覺和發展脈絡，漸漸清晰，日益顯著。

第三章　開宗立派

第一節　同中有異，異中有同

自隋至唐，中國文化經歷了一個總體性、根本性的變化和飛躍。南北一統之後，一系列官制、兵制、稅法、刑法、科舉的革新，隨之而來的文治武功、繁榮昌盛，造就了生氣勃勃的開國氣象、廣大恢宏的文化心態和大一統的文化格局。中國佛教文化的狀況，也因大文化背景的變遷而發生了根本的變化——中國佛教開宗立派的時代來臨了。

歷史屬於過去而非現在，但歷史絕不意味著全然消逝；一旦歷史成為傳統，它就以特殊的方式影響現在，存在於現實之中。禪宗和淨土宗，作為宗派，是統一文化的產物，各各具有絕然不同的教理教規和修證方式；但當我們把二宗並列比較時，它們本是同根同源，而後又因著南北文化的分野而分別傾向於般若化和名相化的意趣之事實，還是時不時地顯現其脈絡和痕跡。表現為宗門主旨，禪淨二家同中有異，異中有同；表現為歷史，禪淨二宗合而又分，分而又合。循此思路，本書將從二家同異對比中，開始對二者分合之歷史的描述和解釋。

如果我們把中國佛教的主要宗派作一大的劃分，那麼相

對於三輪、天台、華嚴、唯識等宗，禪淨兩家可歸為一類。前者諸宗當然對佛法中國化各自作了極為出色的詮釋與發揮，但就佛教的四諦八正道十二因緣、三學六度、因緣實相解脫等教理結構而言，他們都沒有突破；故這些宗派就更富於經典氣息、學術氣質，其流傳和影響也就更偏重於知識界和士大夫階層。而禪淨兩家之中國化的重心，不是落在某一經典或教理的突破上，而是抓住了「成佛」這一根本目的；禪淨兩家不約而同地對佛教的教理構成作了革命性的詮釋——對他們而言，四諦十二因緣、三學六度、因緣實相解脫都不是如傳統所理解的那種網絡式的、相對獨立的邏輯構成；當然也就不是理解和修證佛法時層層遞進的「導遊圖」。對他們而言，一切關於佛法的理解和修證，都是整體性的「一念之差」，在禪宗是「悟」，在淨土是「念」。他們固然也都重視其經典依據，但卻更多創造性的發揮，所以就較少經典氣息。相對於思辨、煩瑣的印度佛教，他們更簡潔易行，因而禪淨兩家的流傳和影響，就遠為廣泛。

為避免枯躁繁複的經論對照，我們這兒讀一個非常有名的故事——「白黑二鼠」。

作為印度佛教原貌的代表，《賓頭盧突羅闍為優陀延王說法經》是這樣說的：

> 昔日有人，行在曠野，逢大惡象。為象所逐，狂懼走突，無所依怙。見一丘井，即尋樹根，入井中藏。有白黑鼠，牙齒樹根。此井四邊，有四毒蛇，欲螫其人。而此井下有大毒龍，傍畏四蛇。下畏毒龍，所攀之樹其根動搖。

樹上有蜜三渧，墮其口中。於時動樹蹳壞蜂窠，眾蜂散飛，唼螫其人。有野火起，復來燃樹。

經中非常明確地指出：曠野者喻於生死；彼男子者喻於凡夫；象喻無常；丘井喻於人身；樹根喻人命；白黑鼠者，喻晝夜；齧樹根者，喻念念滅；四毒蛇喻四大；蜜者喻五欲；眾蜂喻惡覺觀；野火燒者喻老；下毒龍者喻死。如此可怕的比喻，無非是對苦諦的描述，提醒人們：人生在世，一切皆苦。這兒所有的因子都是一樣的，沒有強調某一項是需要特別破解的。

而在宋代僧人法雲所編的《翻譯名義集》中，故事略有改動：

> 大集云：昔有一人，避二醉象（生死），緣藤（命根）入井（無常），有黑白二鼠（日月），齧藤將斷，傍有四蛇欲螫（四大），下有三龍，吐火張爪拒之（三毒）。其人仰望二象，已臨井上，憂惱無託，忽有蜂過，遺蜜滴入口（五欲），是人唼蜜，全亡危懼。

撿《大集經》不見此文。偽託或改寫佛典，以表達自己的理解和意見，乃是中國僧人的老傳統，也是佛法中國化的特殊方式、普遍規律。故事明顯表達出「人」重於「法」的大乘意趣——生死無常、苦海無邊的根本原因，乃是人的五欲。故學佛的第一步，即在於消除欲望，從而方能直面人生的真諦（苦），解脫而獲證果。重心移動，但就認「人」之存在

為消極、為被動之基本立場而言，故事還是認同於印度佛教。

然而當故事變成了一個非常有名的禪宗的公案，出現了一個戲劇性的變化——據說那被象鼠蛇龍逼得走投無路的人，突然發現嘴邊一個鮮紅欲滴的草莓，一口咬下，舒暢無比，恐懼全消。故事到此嘎然剎車，留給讀者無限的聯想。禪宗並不否認佛說之苦諦，但在對人的評價上，迥異於傳統佛學：人不僅僅是具有五欲的肉體，人更有靈明的佛性；所以人並非消極的灰身滅智之對象，而是能積極主動參悟成佛的活體；所以迷魂藥蜂蜜變成了仙丹草莓——它絕非與生俱來的「原罪」，亦非迷妄的忘卻，卻是主動的選擇，參悟的結果，解脫的象徵，成佛的境界。

淨土宗不參公案，但若我們以淨土教義作一對應比較，那麼，淨土觀念的此岸世界中，也有一只草莓——念佛！元中峰明本(1263–1323)有懷淨土詩一百八首，其中就有就此故事發揮者：

> 四蛇同篋險復險，二鼠侵藤危更危；不把蓮華栽淨域，未知何劫是休時。❶

縱然人生無常，苦海無邊，縱有象鼠蛇龍的重重包圍，但淨土宗並不認為沒有出路，回頭是岸！一聲佛號，即能金臺來迎，永不退轉。

生死事大！怎麼辦？不必淹沒於浩如煙海的經典之中，不需幾世幾劫的引頸等待，抓住眼前，路在腳下，去悟！去

---

❶ 明本《天目中峰明本禪師雜錄》，《續藏》第122冊）。

念！禪淨二家並據此展開宗門主旨，顯示了共同的鮮明特色。

這絕不是純粹的歸納比較之結論，恰如本書前面所說，禪淨二家本是同根生。甚至在它們各自成宗之後，作為其揭揚宗旨的宗門口號，依然有著共同的經典依據——提起「是心作佛」、「是心是佛」，幾乎人所皆知是禪宗的標幟；但若是人們進一步知道這二句話出於「淨土三大部」之一的《觀無量壽經》時，不知他們會作怎樣的聯想和理解？這決不是隨意的擷取或偶然的巧合——無論佛法對「心」有多少層次的解釋，「是心作佛」、「是心是佛」之「心」，指的是人的心，是絕對確切不移的。作為大乘佛法的兩大主流，菩提心的詮釋由「法」而「人」，由消極被動而積極主動。乃是禪淨兩家共同的歷史方向。

共同的主題，共同的口號，卻因不同的傳授淵源、不同的終極關懷方向，而表現為不同境界的佛法大意理解、貌似背道而馳的修證方式和絕然不同的宗門主旨！

遁著道生——達摩的意趣，禪宗對生死事大的把握在於開悟。要求禪師在石火電光的剎那，一下子了然世界和人生、宇宙和歷史的全部真諦。故禪宗的終極關懷是絕對的當世，絕對的自力。它所追求的是個體內在的悟解，不落名相，不可言傳。然而正因如此，禪宗落入了一個巨大的悖論之中——怎樣才算開悟？由誰證明？**結果之一**：最講究個體之自力成佛的禪宗，恰恰最依靠他人、依靠教團，因為開悟是老師證明老師確認。所以禪宗就特重師資相承、祖宗門派，整部禪宗史因而淹沒於神秘的師徒傳授的故事之中。**結果之二**：禪宗於隋唐五代，席捲中華、如日中天之時，突然轉向，一而

再、再而三地重審佛經的真理性；隨即開始與淨土宗合流，其理想即是可修可證，同時又高遠宏大的佛法。

遁著慧遠——曇鸞的思路，淨土宗對生死事大的解決在於往生。無論累世修行還是臨終一念，只要念佛，就能超脫輪迴，永不退轉。故淨土的圓滿是絕對的來世，絕對的他力。與任何其他佛教宗派不同，最具他力特色的淨土宗，到頭來最具自信——只要老實念佛，即是自己證明，肯定能夠往生西方。平實、開放，幾乎沒有教派概念。所謂「淨土六祖」之類的說法，實是受禪宗之聲勢的影響和壓迫才造出來的。然而正因其樸質可行，方能在大眾中廣泛流傳，在禪淨合一的歷史大潮中，牢牢地支撐住飄然欲仙的禪宗。

同中有異，異中有同，糾纏於全部禪淨兩宗分流合併的歷史過程之中。當我們把目光落在中國佛教開宗立派時期時，首先需要回答的問題是：相同的「生死事大」的終極關懷，是怎樣成為不同的宗旨宗風的？

外來的佛教，要在中國文化之中生存發展，成為宗派，其標誌有二：一是教理建設，二是門庭施設。前者主要是指理論的創新——首先它必須還「是」佛教，用的是佛教的名詞和理論構架，追求的是佛教所特有的成佛境界。其次它又必須是中國式的，不適合中國國情的觀念和方式（無論是修證方式還是生活方式），那怕是佛祖所立，也必須拋棄或改造。最後是最重要的：這理論的創新絕不是枝節的發揮，它必須是根本的重大的創造。新的理念必須能支撐一整套同時能協調印度佛教文化與中國文化的價值觀、修證觀；必須是能凝聚為一能攝導大眾的口號、宗旨，從而開出一新的宗風。

後者的意義則是：高遠的理念和志向，必須輔以切實可行的操作規範——要有一群信徒遵循著共同的宗制宗規，共同實踐修證，教團日益興旺、代代相傳，形成特殊的祖統、宗統。

要實現上述二點，最最關鍵的條件是領袖人物——他必須對佛法有著極深的修為和體驗，又極富於創造性；抓住重大的時代課題，揭櫫全新的宗旨宗風。他同時又是一個極富魅力、極富凝聚力的實踐家，團結起一批信徒共同披荊斬棘、創建家園。

這樣的佛教領袖人物，其人格不得不是雙重的。**一方面**，他必須極端的出世離世。中國大乘佛學的佛、菩薩的目的固然是渡眾生於六道輪迴之苦海，但作為達到目的之手段，空靈玄虛的教理哲思和綿密周全的經典鑽研，卻必須是遠離紅塵、「皓首窮經」，其心態絕對是專注、「跡不入俗」。**另一方面**，他又必須極端的入世涉世。護法檀越、弟子信眾，上至帝王、下到百姓，都要順逆應對；多少事情，大至造寺立像，小到柴米油鹽，都要關心處理。開宗立派之大任，迫使他周旋於凡俗雜務之中，其心態則又是「不是俗人，勝似俗人」。

這樣的人物，我們首先想起廬山慧遠。但到隋唐之際，政治的統一、文化的繁榮和佛教自身的發展，同時提出了造就大師的要求和條件。於是乎，一大批佛學大師應運而生，中國佛教八宗，幾乎同時產生。

就條件和標誌而言，中國佛教各宗的產生，頗多相似之處：高僧大德加上有力的護法（一般都是皇帝）；兼具宗教、文化和時代意義的宗旨課題；既幽靜又交通方便的祖庭；一大批不同文化層次的同修、弟子和信徒。

但是如上所述，由於成立宗派的那位最最關鍵的領袖人物的背景、法統、授受、意趣、機緣等等因緣不同，當我們把歷史落實到一個個活生生的人物時，相同的「生死事大」的主題，就必然而自然地表現為絕然不同的關懷方式。

第二節 禪宗的「生死事大」

達摩西來，比佛法入華晚了整整四百年。而這四百年，恰好是中國文化對外來佛法的消化期。由翻譯經典而廣說名相，由格義神通而頓悟圓義——正當佛教中國化的條件具備，要求提出之時，菩提達摩一葉輕舟，翩然攜來了「上乘一心之法」。因緣際會，晚到的達摩，此時成了佛法中國化的先鋒、代表。

大師憐憫中土「邊地」沒有純正的佛法，故「誨以禪教」——是與名相之學相對立的「定學」，是強調「宗通」高於「說通」、以「行入」實踐「理入」的自覺聖智。一石千重浪，「於時合國盛宏講授，乍聞定法，多生譏謗」，當時佛學舞臺上，盛宏講授、廣說名相，乃是壟斷大局的主流；而強調篤履踐行以達「宗通」境界的「二入四行」，實是一種聞未所聞的異端邪說。

二者的區別何在？如果光用「篤履踐行」四字來概括達摩之「定學」從而中國化佛法的精髓，恐怕不夠明確。因為「廣說名相」、「盛宏講授」，也是一種對佛法的實踐。如若一一細繹經典，對比「宗通」和「說通」何所差異。一則無比瑣碎，達不到提綱挈領的效果；二則此方法本身就是一種

「名相之學」，不能作為一評判標準，去評價與自身對立的達摩禪法。

事實上，只要有一點歷史領悟力，答案是現成的——整整一部禪宗史，禪師們著燈錄、造公案，鬥禪機、劃圓相，作家相見、師徒印證……無論是「拈花微笑」還是「慧可得髓」，是「風旛之議」還是「自家寶藏」……說來說去，「教外別傳」的根本，還是直承道生大師之所頓悟——佛性本有，人人皆具！所以，教外是來世成佛，修而成佛；教內是當世成佛，本來是佛。廣說名相、盛宏講授、造寺度僧、布施拜懺……全是「實踐佛法」。唯有禪宗一聲棒喝，此地是「佛的實踐」！這才是真正的實踐，與此相比，其餘一切都是紙上談兵，口頭空談。

是「佛的實踐」而非「實踐佛法」，此乃禪宗的根本精神。在歷史的源頭上，達摩所傳，即此一心。中國化佛法的秘密，即在於此。正因如此，百年之後，在達摩的徒子徒孫的口中筆下，此非邪說而是正法；千年之後，今日僧界學界之公論，實非異端而為開端。然而遙想當年，達摩大師所接受的，絕對是一頂滿是尖刺的荊冠；他所選擇的，是一條充滿崎嶇的危道——後人目之為歷史潮流之「中國化」，首先意味著對當時佛教大局的否定、衝擊、改造和革命。正因如此，達摩及其後學的宏法經歷——同時也是禪宗的發展歷史，猶如逆水行舟，一代一代地反潮流，闖自己的路。

坎坷的經歷，百折不撓的前行；高峻的境界，不被理解的孤獨，往往是先知先覺的哲人們的共同命運。透過神化的光環，「六度被毒」，「只履西歸」，諸葛武后的「鞠躬盡瘁，

死而後已」，還能有更好的詮釋嗎！達摩的遭遇，從而他的精
神，令人肅然。

但是，大師的事業，並非像傳說中的讖語那樣，要「路
行跨水復逢羊，獨自栖栖暗渡江。日下可憐雙象馬，二株嫩
桂久昌昌」，要等待很久才得傳人而昌明光大。見諸《僧傳》，
弟子曇林有說：「亡心寂寞之士，莫不歸信；取相存見之流，
乃生譏謗。」❷ 照理說，出家之人，個個「亡心寂寞」，而這
兒曇林所指，顯然是達摩所開出的強調真正的踐履篤行之僧
界新風。

大師的知音，也不是如後世《燈錄》所說，僅慧可一人。
所謂「一代一人」，是唐代荷澤神會(668-760)興「南北之爭」，
向（神秀）北宗門下爭奪正統時所提出的口號，其本義在於
「一個宗主」。當禪宗「一花五葉」，席捲中華之後，宋僧編
撰《燈錄》時，「一代一人」、「六代相承」成了早期禪史的
模式。但即使在《燈錄》中，我們還是能看到達摩的弟子至
少還有僧副(464-524)、尼摠持、道育等三人。然而，達摩所
傳，僅慧可有較詳細的記載，確是因為慧可在事業與精神諸
方面都無愧為大師的傳人。

感謝道宣律師，他的《續高僧傳》記錄了不少關於慧可
的材料，使我們對慧可的了解，甚至超過晚於他的三祖僧璨
(?-606)和四祖道信。《續高僧傳》中慧可的材料，有初錄和
補充兩個部分：

初傳說：慧可是虎牢（今河南成皋縣西北）人，他「外

---

❷ 曇林序〈略辨大乘入道四行〉，錄於《楞伽師資記》。（《大正藏》
　　2837）

覽墳索，內通藏典」，是一位內外兼通的學者。慧可四十歲時，在嵩洛會到了達摩（傳說是在嵩山少林寺），於是「奉以為師，畢命承旨，從學六年，精究一乘」。作為有名的學者，慧可從師於不談學問的達摩，所以「一時令望，咸共非之」。後達摩入滅，慧可開始弘法。公元534年，東魏遷都鄴城，慧可也到那兒，結果遭到一位「徒侶千計」的道恒禪師的迫害，幾乎死去。慧可經此大變，風格與前迥異，一味取「順俗」態度，導致「卒無榮嗣」，沒有一個光大法門的後學，對此道宣深表同情，大為嘆息❸。

後來，道宣又收集到很多新的材料，補入〈慧可傳〉和《續高僧傳》卷三十五（附編）的〈法沖傳〉中。主要內容如下：

一是慧可斷臂的事。北周武帝滅法時，慧可與達摩的另一學生曇林「共護經像」，結果兩人各失一臂，慧可能「以法御心，不覺痛苦」。

二是慧可並非一味「佯狂」、「末緒卒無榮嗣」，到道宣時代，慧可的弟子已經二三傳了：

> 達摩禪師後，有慧可、慧育二人。育師受道心行，口未曾說。可禪師後，粲禪師，慧禪師，盛禪師，那老師，端禪師，長藏師，真法師，玉法師——已上並口說玄理，不出文記。

> 可師後，善老師（出抄四卷），丰禪師（出疏五卷），明

---

❸ 道宣《續高僧傳》，卷16，〈慧可傳〉。（《大正藏》2060）

禪師（出疏五卷），胡老師（出疏五卷）。❹

在〈法沖傳〉中，道宣還錄下了慧可再傳弟子的姓名，值得注意的是：他們也是分「出文」與「口說玄理」兩派。

總上所錄，慧可禪法堅持了「口說玄理」的歷史方向，這正是達摩「定學」緊要所在。這種宗派的承緒繼續，正是禪宗的歷史展開過程，於是乎，矛盾也呈現了：

不落文字，怎樣傳下？

自覺聖智，怎樣證明？

一線單傳，怎能宏法？

出世離世，怎能度人？

這是研究慧可事跡最喫重之處。每一行的前四字，是禪宗的目標，屬神聖世界，表現為個體的「生死事大」；每一行的後四字，是現實的方便，屬世俗世界，卻是追求群體的「生死事大」之必須。

禪宗的發生，就是對上述矛盾的解決；禪宗的宗風，就此形成。

禪宗的名稱，傳統的說法，最早出現於黃檗希運(776-856)。希運是五代時人，馬祖道一之傳人，「馬駒踏煞天下人」，標誌著禪宗極盛時代的開始，故禪宗名稱的出現，應當更早。據筆者所知，最早的資料見於唐道宣法師的《續高僧傳》。一般的禪宗史說，都非常重視《續高僧傳》的達摩本傳，但卻往往忽略了道宣法師的另一處記錄：

---

❹ 道宣《續高僧傳》，卷35（附編），〈法沖傳〉。（《大正藏》2060）

世有定學，妄傳風教。同纏俗染，混輕儀跡。即色明空，既談之於心口。體亂為靜，固形之於有累。神用沒於詞令，定相腐於脣吻。

排小捨大，獨建一家。攝濟住持居然乖僻。

頃世定士，多削義門，隨聞道聽，即而依學。未曾思擇，扈背了經。每緣極旨，多虧聲望。

復有相迷同好，聚結山門。持犯蒙然，動掛形網。運斤運刃，無避種生。炊爨飲噉，寧慚宿觸。

相命禪宗，未閑禪字。如斯般輩，其量甚多。致使講徒，例輕此類。故世諺曰：無知之叟。義指禪師。❺

「相命禪宗，未閑禪字」——很清楚，早在達摩後學，就以禪宗自居自稱。更重要的是：如前所述，道宣時代，禪宗剛剛萌芽，故道宣對達摩的讚揚，不必無據；同樣，道宣對達摩後學的批評，也不會矯情。多虧道宣律師秉筆直書的史家風範——正是這毫不留情的批評，透露出中國禪宗早期發展的真實。

上述文字見於《續高僧傳・習禪》篇末的總論，屬道宣晚年定論。道宣與道信、弘忍同時，他撰寫《續高僧傳》時，東山法門剛剛崛起。要到五十年後，則天皇帝才金口宣示「若

---

❺　道宣《續高僧傳》，卷20，〈習禪〉。(《大正藏》2060)

論修道，更不過東山法門」❻；而當時的情況，史傳僧璨於道信，還是秘密傳法，要到三祖涅槃，道信率眾弔念，其身分才公開。由此可推斷：道宣的批評，其涵蓋面或可上至達摩二三傳弟子，下達東山初時。

正讀《僧傳》，當時禪宗仍然承受著沉重的壓力——他們被指責對佛法的態度不對（「妄傳風教，同纏俗染，混輕儀跡」），對佛法的理解偏面（「多削義門……扈背了經，每緣極旨，多虧時望」），對佛法的實踐更是大錯（「神用沒於詞令，定相腐於脣吻……持犯蒙然，動掛刑網，運斤運刃，無避種生，炊爨飲噉，寧慚宿觸」）……但他們卻敢於「排小舍大，獨建一家」，並且充滿自信地自稱「禪宗」。

逆讀《僧傳》，我們會拍案驚歎——難道歷史有靈性？抑是禪僧真有天眼？正是這種異端的僧團組合，正是這種獨特的修行方式，化解了禪宗從一開始就面臨的矛盾。達摩老祖的宏願——佛的實踐，終於成為可能。

這是一特殊的僧團，他們不重經典、不重戒律，而最重視的是自性的修習。分清本末，辨明真妄，經典、戒律是成佛的依據、手段，而成佛才是事實本身、才是目的，成為禪宗一貫的宗旨、標幟。

作為佛的實踐，在神聖世界裏，禪師的悟境，絕對是自修自證。但禪師同時又是現實世界中的肉眼凡胎，對世俗的理念、邏輯而言，真理從來是不能自己證明自己的。必須有一客觀、異己的標準，真理的存在和獲得才能被證明、被烘托、被呈現。既然要推翻「實踐佛法」的經典證明模式，那

---

❻　淨覺《楞伽師資記》。（《大正藏》2837）

麼理事順章地由「佛的實踐」者來證明——那就是禪宗所特有的師徒印證模式。翻看《燈錄》，幾乎所有的意見，都是通過師徒印證的方式表達出來。在文學的眼光看來，千篇一律的形式，一點美感也沒有。但在禪宗的立場來看，這絕不是一形式問題，禪的生命就繫於其中。

自修自悟，師徒印證的僧團。在精神層面上，這是肉眼凡胎的俗人在磈磈紅塵中躍進到「佛的實踐」之空靈境界的最佳通道。在物質層面上，這是沒有道場、沒有有力的外護、沒有宏法條件的禪師們堅持自己的路的「物競天擇」。

在這樣的僧團中，他們就能在最平凡的農耕中日日更新充實那本有的佛性，凡夫俗子終於可以立地成佛：在生死中超越生死；在世俗世界中獲得神聖境界；在群體生活中自覺個體佛性。反過來，應屬外在形式的僧團組織，現在卻成了禪宗的命脈所繫，禪宗的本質特徵由此而決定——絕對個體成佛的禪宗，卻特重群體的共修；在心靈上最講究自由、最富於創造性的禪宗，在師傳門派上卻最保守、最多宗規家風；生活行為最世俗化的禪宗，門風卻最神秘、高峻。

上述禪宗的理念和特質，要到唐五代禪宗「一花五葉」宏布全國時才得到光大發揚，但其理由和依據，卻是在達摩、慧可、僧璨等先輩們的使命實現過程中得到。這一切，在「東山法門」的崛起中，得到了進一步的證實和發展。

從四祖道信開始，禪宗在中國佛學舞臺上頭角漸露。

禪宗勃興，大唐帝國所提供的客觀歷史條件固然重要，但最最關鍵的，則是黃梅之門庭施設和法門宗旨的主觀因素。對於達摩、慧可而言，道信、弘忍的禪風，與其說是轉變，

不如說是發展、凝固。

《傳法寶記》曾如此比照：

> 天竺達摩，褰裳導迷。息其言語，離其經論……行無軌
> 跡，動無彰記。

> 法匠潛運，學徒默修。

> 至夫道信，雖擇地開居，營宇立像。存沒有跡，旌榜有
> 聞。❼

如果我們把上述之「排小舍大，獨建一家」嵌入其中，則三
個階段，環環相扣，步步向前。

宗門興旺的根本原因，《傳法寶記》一語中的：

> 及弘（弘忍）、如（弘忍傳法弟子法如）、大通（北宗神
> 秀）之世，則法門大啟，根機不擇，齊速念佛名，令淨
> 心，祕來自呈，當理與法。猶遞為祕重，曾不昌言，儻
> 非其人，莫窺其奧。❽

作為得法的客觀評判標準，師徒印證的模式成熟了、自
覺了。「遞為祕重，曾不昌言，儻非其人，莫窺其奧」的個
體開悟，獲得了「根機不擇」、「當理與法」的群體依據。終

---

❼ 杜朏《傳法寶記》。(《大正藏》2838)

❽ 杜朏《傳法寶記》。(《大正藏》2838)

於，在推倒了「實踐佛法」的經典真理之後，「佛的實踐」確立了自宗所特有的真理標準。唯有解決了這一根本之後，作為一宗派，禪宗的自我複製的生命力才有源頭活水，而它所遇到的一切矛盾也就迎刃而解。不立文字的、頓入法界的、以心傳心的禪法，首先有自覺意趣，乃是東山門下：

〈法如行狀〉

天竺相承，本無文字。入此門者，唯念相傳……斯人不可以名部分，別有宗明矣。

今唯以一法，能令聖凡同入決定……眾皆屈申臂頃，便得本心。

〈大通禪師碑〉

名相入焉妙本乖，言說出焉真宗隱，故如來有遂傳妙道，力持至德，萬劫而遙付法印，一念而頓授佛身。

《傳法寶記》

若非得無上承，傳乎心地，其孰能入真境界哉？

師資開道，皆善以方便，取證於心……若夫超悟相承者，既得之於心，則無所容聲矣，何言語言文字措其間哉！

天竺達摩，褰裳導迷，息其言語，離其經論。

有此自覺，成熟了的禪宗終於從屢被非議的困境中擺脫，反過來大聲疾呼，批評傳統。

（三祖僧璨）云：「中國之有佛教自漢……歷魏晉宋齊及梁武言第一義諦者不過布施持戒，天下惑於報應，而人未知禪……」。**❾**

作為參照，我們引一同時代的史料──那是一代大師玄奘的觀念：

太宗問樹功德何最饒益，玄奘勸以度僧。**❿**

二相比較，禪宗之「生死事大」主題之確立及其答案，躍然紙上。

邏輯和歷史的必然，師徒印證之真理系統的最高結晶，則是禪宗的法統序列的標出。

自菩提達摩天竺東來，以法傳慧可，慧可傳僧璨，僧璨傳道信，道信傳弘忍。繼明重跡，相承五光。**⓫**

---

❾ 獨孤及〈鏡智禪師碑銘〉，《唐文粹》卷63。

❿ 《舊唐書・玄奘列傳》。

⓫ 張說〈荊州玉泉寺大通禪師碑銘并序〉，《金石續編》卷6。

祖統的確立，從宗派的角度考察，乃是獨樹一宗、獨得如來
正法之信念的先決；從歷史的角度看，則意味著禪宗終於找
到了溝通個體開悟與群體修行、自覺聖智與社會承認、神聖
世界與世俗世界的橋樑。一方面，回應時代的潮流，群體化、
宗法化而成為宗派；另一方面又不隨波逐流，在經卷、口頭
上尋找佛法，以堅持個體內在的純正悟境。一面是擇地開居；
一面是秘密付法。一面是「楞伽印心」，諸佛心第一；一面
是「一行三昧」，是心是佛。開宗立派過程中的矛盾，反而
成為一種啟發，促使禪師們認識到這一矛盾不是膚淺和麻煩，
而是深刻和神聖；促使他們在克服個體開悟與群體成聖、語
言文字與內心體悟的矛盾中樹立起特殊的宗風，成為禪宗席
捲中華大地的高揚標幟。

第三節　淨土宗的「生死事大」

　　如若我們以禪宗成宗過程為參照來觀察淨土宗之成立，
那淨土簡直不能稱宗——翻閱兩宋以前的史料，絕對無法找
到如禪宗那樣的淨土僧團。但如果沒忘記淨土宗與北中國文
化、從而佛教名相化之傾向的精神聯繫，把研究的目光集中
到一代代文化品位高級的和尚身上；從他們的經註經詮中，
從他們的思想發掘中，則還是能找到淨土宗成立的歷史軌跡
——淨土宗之「生死事大」之主題的確立過程中所遇到的矛
盾和探索。

　　與中國儒家文化極其神似，淨土宗以簡明易行的口號流
行全國，但在一聲佛號的背後，支撐著數代高僧大德的畢生

心血。他們寫下了浩如煙海的註釋疏論，一個一個問題的解答，一塊一塊理論的構築，最後終於完成了適應於中國文化的往生理論和修行體系。忽視這一歷史特點，則絕對不能解釋，淨土宗為什麼能成為和怎樣成為中國最普及的佛教宗派的。

正因如此，本章對淨土宗立宗之歷史追溯，取淨土宗人的「作品分析」的形式。

任何一種宗教，都具有神聖和迷信的雙重本質❷，宗教的價值，不在於它提供了怎樣的答案，而在於它嚴肅地思索了人生最高、最神聖的命題──生與死、善與惡、美與醜、神與人、天上與人間、今生與來世……其神聖的源泉，即在於所有的這些發問都超越有限而指向無限。所以，死亡以後，乃是任何宗教之意趣和教義的重要組成部分，同時也是任何宗教信仰和宗教激情的深層基礎之一角。

對於中國人而言，「未知生，安知死」（孔子語）的儒家傳統，使得死亡和來世問題成為最薄弱的一環，同時也就成為種種宗教思想最容易突入中國文化的一環。

非常有趣：佛教就其總體而言，對中國人的吸引，在於其理性的特色。所以湯用彤先生論及中國士大夫與佛教的關係時，首先舉出的是「玄理之契合」和「文字之因緣」。 這一點也可從佛教入華之後，其重心從漢代的方術鬼神開始，一步一步地神通而玄談，義學而頓悟的過程得到證明。但恰恰在死亡和來世的問題上，中國人所作出的，乃是非理性的選擇──作為佛教教義之骨幹的「三世兩重因果說」，因其晦

❷　參閱拙著《宗教協調論》，第一章。

澀抽象，始終被留在經籍之「象牙塔」中，與大眾無緣。而以《阿彌陀經》和《無量壽經》為代表的西方世界說，那怕其簡單粗糙、凌亂無序、自相矛盾，卻為中國人，甚至如慧遠那樣的高僧所接受。所以湯先生不得不加上第三點：「死生之恐懼」。

　　當然，富於實踐理性傳統的中國人，不會滿足於「淨土三經」所提供的如此原始的西天極樂圖。於是乎，一代一代的木魚青燈，爬剔疏理——

　　淨土的證明；

　　淨土的性質；

　　淨土的分類；

　　淨土的對象；

　　淨土的修習。

一一提出，一一討論，一一實踐。呈現為歷史，淨土立宗的軌跡，首先落實為長表一串經典名單。

淨影慧遠　《無量壽經義疏》、《觀無量壽經義記》、《大乘義章·淨土義》

　　淨影慧遠(523–592)較曇鸞晚三十餘年，其活動年代，始於承光元年(577)，彼時北周武帝剋齊破佛，慧遠奮起抗爭；至隋文帝時應召入長安，主持淨影寺，事業聲望均達高峰。慧遠之師法上，崇信彌勒，故《僧傳》中也說慧遠上升兜率（《續僧傳》卷十二〈靈幹傳〉。）但慧遠為《無量壽經》義疏，係中國佛教史上第一位。其後之吉藏、迦才、善導等人，

都是以慧遠之義疏為起點而取捨抉擇；至於托名智顗的《觀無量壽佛經疏》，基本上是抄襲慧遠之《觀經疏》，以智者大師之盛名，該疏於中國淨土宗影響巨大。故直接簡接，慧遠於淨土開宗之功，不可忽視。且慧遠兼奉彌勒彌陀，正是中國淨土信仰從幼稚走向成熟的真切反映，頗具深意的是：慧遠之奉彌勒，我們而今只能看到模糊的記錄；而他於彌陀淨土的思想，卻完整地保留下來了，這正反映了歷史之大勢。

淨影慧遠的貢獻，主要在於他是中國歷史上第一個提出統一的淨土分類說者。

淨土為諸大乘經典所盛說，但關於淨土的性質，從而分類（相應的所居之眾、往生之品），則互有出入，導致中國僧界有關的見解往往各執一端。如羅什謂眾生無淨土，唯佛有之；道生則說佛無淨土，唯眾生有之；南轅北轍，令人無所適從。慧遠校研諸經，融會折衷，提出了他的三淨土說：

一、事淨土，凡夫所居。

二、相淨土，二乘及諸菩薩化他之土。

三、真淨土，初地以上乃至諸佛所居。

據上分類，慧遠判彌陀淨土為事淨土之麤國；相應的，他也把九品往生之人，按根機分類，列入不同的淨土之中。

值得注意的不是慧遠的淨土分類是否合理，而是他的態度。他的義釋，對般若、涅槃、維摩、地論、攝論各家經典無不汲取，作為依據，真可謂竭盡委曲。正因如此，慧遠能為中國淨土宗提供一統一的起點，成為淨土思想系統化的第一探索者。

智顗　四種三昧

　　智顗(538-579)係天台宗之開祖，何以與淨土宗有如此之深淵源？

　　傳統的說法：史傳智者大師深信彌陀，恆修般舟常行三昧。據〈智者大師別傳〉云：

> （大師）臨命終時右脅西向而臥，專稱彌陀、般若、觀音，最後唱《法華》、《無量壽》二部經，聽《無量壽》竟。讚曰：「四十八願莊嚴淨土，華池寶樹，易往無人，火車相現，能改悔者，尚復往生，況戒慧熏修耶？行道力故，實不唐捐，梵音聲相，實不逛人。」又曰：「吾諸師友，侍從觀音，皆來迎我。」

上述記載，加上智顗《維摩經疏略》中確有四種淨土說，由此而說智者與淨土關係甚深。但本書的目光不在於此。

　　首先，智顗《摩訶止觀》說四種三昧，為台家立宗之本。而說智者本人專修其中一種，似乎難以信服。其次，即使別傳所記不虛，則也僅是個人的行為，於後世有風範而無理論上的突破，意義不應誇大。最後，智顗四種淨土完全脫胎於淨影慧遠之三種淨土說，故無論是史家眼光，還是佛家立場，都不宜過分宣揚。

　　但是，智者確予淨土宗之成立有巨大影響，其端有二：

　　第一，智顗傳世之作品中，有為淨土立命者，即《觀無量壽佛經疏》、《阿彌陀經義疏》、《淨土十疑論》、《五方便念

佛門》各一卷。上述諸書均係偽書，自古有疑有考，至今已成定論。但因大師之盛名，這些偽書確也在中國佛教史上留下了影響，不管誰是真正的作者，影響於歷史的，還是掛在智者的名下。如《觀無量壽佛經疏》，基本照鈔淨影慧遠的《觀經疏》，但智者的名頭響過慧遠，所以後人多引智著而少用慧著，唐法聰(586–656)之《觀無量壽佛經記》，宋知禮(979–1028)之《妙宗鈔》，宋延壽(904–975)之《宗鏡錄》，鼎鼎大名之輩，都或釋或引，於淨土宗之影響，不謂不鉅。

又如《淨土十疑論》，彼論引用了晚出的玄奘之《大唐西域記》，鐵定非智者之作。但唐飛錫之《念佛三昧寶王論》、法聰之《釋觀經疏記》都引該論，且柳宗元(773–819)〈永州龍興寺修淨土院記〉中稱淨土院牆上書有此論，可見不管作者是誰，該書於天寶、大歷年間已深入人心，當是不移之事實。

何樣文字，能於佛法盛弘之大唐，冒智者大師之盛名，不脛而走？答案就在這「十疑」之中：

第一疑，問：諸佛菩薩以大悲為業，若欲救度眾生，祇應願生三界，於五濁三途中救苦眾生。因何求生淨土，自安其生？捨離眾生，則是無大慈悲，專為自利，障菩提道。

第二疑，問：諸法體空，本來無生，平等寂滅。今乃捨此求彼，生西方彌陀淨土，豈不乖理哉？又經云：「若求淨土，先淨其心；心淨故，即佛土淨。」此云何通？

第三疑，問：十方諸佛，一切淨土，法性平等，功德亦等。行者普念一切功德，生一切淨土。今乃偏求一佛淨土，與平等性乖，云何生淨土？

第四疑，問：等是念求生一佛淨土，何不十方佛土中隨念一佛淨土，隨得往生，何須偏念彌陀佛耶？

第五疑，問：具縛凡夫，惡業厚重，一切煩惱，一毫未斷，西方淨土，出過三界，具縛凡夫，云何得生？

第六疑，問：設令具縛凡夫，得生彼國，邪見三毒得常起，云何得生彼國，即得不退，超過三界？

第七疑，問：彌勒菩薩，一生補處，即得成佛；上品十善，得生彼處，見彌勒菩薩，隨從下生，三會之中，自然而得聖果，何須求生西方淨土耶？

第八疑，問：眾生無始以來，造無量業，今生一形不逢善知識，又復作一切罪業，無惡不造，云何臨終十念成就，即得往生，出過三界結業之事。云何可通？

第九疑，問：西方去此十萬億佛剎，凡夫劣弱，云何可到？又往生論云：「女人及根缺，二乘種不生。」既有此教，當知女人及根缺者，必定不得往生。

第十疑，問：今欲決定求生西方，未知作何行業？以何
為種子，得生彼國？又凡夫俗人，皆有妻子，未知不斷
淫欲，得生彼否？

十大疑問，何等尖銳！一字一句，直指根本。對教徒個
人而言，即使是日日口頌佛號之人，面對這十疑，也當俯首
深思。若不能破此十疑，談何往生！而對於當時正處開宗時
期的淨土宗而言，十疑不破，何能自圓其說？概括而言，諸
疑都屬淨土（合理性）之證明。所以，重要的不在其答，而
在其疑。那怕十疑論中的答案並不高明，但敢於面對這十大
非難，就是卓識，就是功勞。這兒，用的雖是佛家語言，探
討的卻是永恆普遍的死後、來世、彼岸問題。正因其沒有答
案，所以能永遠永遠地促使淨土宗人去思考、去構築嚴密、
系統的淨土理念，故說淨土立宗，就不能不提及此書。

第二，作為天台宗實際開創者，智者所立五時八教、開
權顯實、一心三觀等旨，當然淵遠流長，結實累累。但就中
國佛學史全面而言，智者於後世影響最大的，當是其於《摩
訶止觀》中所發明的四種三昧說。

《摩訶止觀》十卷（傳世亦有二十卷者，是將每卷之上
下分開，則成二十卷），在第一卷綜述全書大旨（上）和修
習目標、境界（下）之後，第二卷劈頭便提出作為修習方法、
途徑的四種三昧。分別而言，四種三昧並非智者所創，書中
一一指出了其來源：

一、常坐三昧，又名一行三昧。出《文殊說》、《文殊問》
兩般若。

二、常行三昧。出《般舟三昧經》。

三、半行半坐三昧。出《方等》、《法華》。

四、非行非坐三昧，《大品》稱覺意三昧。出《大集》。

但把四種三昧放在一起，相互比較之後，指出各種方式各有所長，強調禪修方式不是唯一的，應適合不同的根機，選擇不同的方便——這是集大成之工作，正是智顗之慧眼高人一等之處。四種三昧說繼往開來，於中國佛學影響巨大。

就本書的主題而言，舉其顯者：

其一、禪宗於達摩、慧可時代，係《楞伽》印心，其旨在「自覺聖智」，其禪法極為深奧。恰如道宣所評：「（達）摩法虛宗，玄旨幽賾……幽賾則理性難通」，故學人「頌語難窮，歷精蓋少」❸。當時宗門不盛，此為內因之一。到四祖道信，曾在天台禪觀之重鎮廬山大林寺逗留達十年之久，受寺主智鍇(533–610)（智顗之高足）影響，援《文殊》入《楞伽》，藉「一行三昧」而展開了新的「安心方便」

> 信禪師再敞禪門，宇內流布，有菩薩戒法一本，及制入道安心要方便門，為有緣相熟者說。我此法要，依《楞伽經》諸佛心第一；又依《文殊說般若經》一行三昧，即念佛心是佛，妄念是凡夫。❹

從此東山禪法中就有了達摩、慧可禪法中所沒有的意趣，最顯著的特點便是以坐為禪，非坐不可，地地道道的「常坐

---

❸　道宣《續高僧傳》卷20，〈習禪〉。（《大正藏》2060）

❹　淨覺《楞伽師資記》。（《大正藏》2837）

三昧」。道信「數十年中脅不至席」；弘忍「以坐禪為務」；道信教導學生：

> 每勸諸門人曰：努力勤坐，坐為根本，能作三五年，得一口食塞飢瘡，即閉門坐。莫讀經，莫共人語。能如者，久久堪用。**⑮**

《楞伽師資記》中還有道信坐禪的心得：

> 初學坐禪看心，獨坐一處，先端身正坐，寬衣解帶，放身縱體，自按摩七八翻，令心調適然，安心神，則窈窈冥冥，氣息清冷，徐徐斂心，神道清利，心地明淨，照察分明，內外空淨，即心性寂滅，如其寂滅，則聖心顯矣。

　　而後的數十年中，禪宗的聲勢如燎原烈火，席捲中華，以致有「東山法門是一切佛乘」之說**⑯**。弘忍弟子玉泉神秀於大足元年(701)奉旨進京，則天帝親執弟子禮，恩隆無比，史稱「二京法師，三帝門師」。 然而觀察北宗禪法，比之道信又進了一步，幾乎可以說是「一行三昧」取代了「自覺聖智」。請看神秀見則天帝時所報家門：

> 　則天大聖皇后問神秀禪師曰：「所傳之法，誰家宗旨？」

⑮　杜朏《傳法寶記》。(《大正藏》2838)

⑯　李華〈揚州龍興寺經律院和尚碑〉，《全唐文》卷320。

答曰：「秉蘄州東山法門。」問：「依何典誥?」答曰：「依
文殊說般若經一行三昧。」❶

雖然沒有數典忘祖，丟卻《楞伽》，但次序已顛倒過來，
《般若》為先了。再具體看北宗禪法：

各各蹦跪合掌，當教令發四弘願。次請十方諸佛為和尚
等。次請三世諸佛菩薩等。次教受三歸。次問五能。次
各稱己名，懺悔罪。❶

對照智顗之《摩訶止觀》，不必論證，就能看出智者的影響有
多深了！

其二、鼎鼎大名的六祖慧能，對神秀北宗最嚴重的批評，
便是北宗以坐為禪，過於執著，還是落入「有相」。他的高
明之處，是他沒有照搬照套智者的「四種三昧」，而是吸取
其精，活用其神。雖然曹溪門下所傳的是非行非坐、通於行
坐及一切事的方便，但慧能卻在更高層之上把握和詮釋四種
三昧的根本，他在《壇經》中打出的是「一行三昧」的旗號：
「一行三昧者，於一切時中，行住坐臥，常直心是……但行
直心，於一切法上無有執著，名一行三昧。」真可謂是深得
智顗之三昧了。

其三、回到本節之論題，智者之四種三昧，對淨土宗的
影響，較之禪宗更為直接。《摩訶止觀》中以止觀進修之方法，

❶　淨覺《楞伽師資記》。(《大正藏》2837)

❶　神秀〈大乘無生方便門〉。(《大正藏》2834)

說四種三昧法。其中，依《般舟三昧經》，名唱念彌陀為常行三昧。雖未直接舉此為淨土之行因。然可知得此三昧亦可能往生。《摩訶止觀》第二上說常行三昧之法：行此三昧，行者先嚴飾道場，備諸供具，盥沐其身，左右出入，改換衣服，唯專行道，九十日為一期；即九十日，身常行，不休息，日常唱阿彌陀佛名。或唱念俱運，或先念後唱，或先唱後念，唱念相繼無休時。步步、聲聲、念念唯在阿彌陀佛。意即念阿彌陀佛，於西方淨土，華池寶閣中，諸菩薩之中央坐說法。又念彼佛三十二相，由足下千輻相一一逆緣，念諸相乃至無見頂相。亦應從頂相順緣乃至千輻輪。如此順逆反覆念觀佛之三十二相。又更應就此凝即空、即假、即中之觀。蓋般舟三昧見佛之法，夙為廬山慧遠所採用！白蓮社之結眾皆實修此法，此法主要流行於南方，智顗恐亦受其之影響，而以此為四種三昧之一歟！其後善道(613-682)、慧日(680-748)、承遠(712-802) 等亦皆修此法，以至成為中國淨土教之一大主流。

道綽　《安樂集》

道綽活動年代自隋至初唐，他本是山西太原開化寺慧瓚(536-607)門下，研究空理，尤精涅槃。隋大業年間，棄涅槃之講說，歸心淨土，宏法於太原、晉陽、汶水之間。史傳掐數珠念佛，創自道綽。門人善導，係淨土重鎮。道綽對淨土之影響，隨《安樂集》而流傳千年。

中國人之治學，從而中國文化的理論發展，都一以貫之

地遵奉著孔老夫子「述而不作」的傳統，在對前人的著作論
註詮疏中發揮自己的見解，其結果是理論形態的穩定和保守；
形式上的僵化，當然會成為思維的桎梏，這應是中國傳統文
化繼承多於創新、因循多於變革的原因之一。反之，凡思想
較活躍的時代，自由撰述的例子就較多些，如魏晉之玄學就
在「三玄」之外出現了純粹意義上的個人著作；或者就乾脆
在另一個領域中盡情渲泄，如唐代的詩歌與散文。

　　理論上結構龐大、名相繁複，組織上門派林立、秘密傳
授的佛教，加上佶屈聲牙的翻譯，造就了佛教極重師承的特
色。於是後人因循前人，為經典作註作疏，理所當然地成為
中國佛學的主流。但正因為是外來文化，光憑經論的註疏，
決不能促使其廣播流傳；兼之佛教的宗教本質，更決定其必
須以通俗易懂的形式去宣傳教義、吸收信眾。所以甚至無數
的經註經疏之前，佛法入華的同時，佛教的「通俗小冊子」
就出現了──從《牟子理惑論》到《弘明集》皆屬此類。

　　入唐之後，中華佛教各宗成立，其中以淨土宗最具通俗
特色，故種種釋義答疑的專集也最多。至宋明之時，專集變
為叢書，成為一種風氣，大型叢書一部接一部。而道綽之《安
樂集》，上承曇鸞之《略論安樂淨土義》，即其濫觴。

　　《安樂集》全書十二門三十八料簡，竭力鼓吹彌陀淨土。
其最著力之處，就是對為什麼當今必須專修淨土的論證──
《安樂集》第一門第一料簡，就是所謂的時教相應說，道綽
依《大集月藏經》：

　　佛滅度後第一五百年，我諸弟子，學慧得堅固；第二五

百年，學定得堅固；第三五百年，學多聞讀誦得堅固；第四五百年，造立塔寺、修福懺悔得堅固；第五五百年，白法隱滯，多有諍訟，微有善法得堅固。❶

本來，指今世為末法時代，人們根機頑鈍，不宜於高深的經研與修習，只應「造立塔寺，修福懺悔」，於佛法不是新說。但道綽來了個移花接木，從同一經中佛度眾生的四種法度之中，拈出其第四種：「諸佛如來有無量名號，若總若別，其有眾生，繫心稱念，莫不除障獲益，皆生佛前，即是名號度眾生。」生生地在「修福懺悔」四字之後，塞進「稱佛名號」，得出結論說：

今時眾生，即當去世後第四五百年，正是懺悔修福、應稱佛名號時者。若一念稱阿彌陀佛，即能除卻八十億劫生死之罪。一念既爾，況修常念，即是恒懺悔人也。❷

不要小看道綽這一發明！他這一轉，為淨土成宗提供了一個很有力的依據。

試看佛家諸宗典籍，決疑之書，淨土最多；而種種疑難之中，居首位的問題往往是：佛道廣闊，何以非得走淨土一門？念佛往生，並非上上之機，何必如此宣揚？面對諸如此類的問題，法師那怕舉出再多的淨土殊勝之處，也無補於事。而今道綽此說一出，問題迎刃而解——不必再與種種方便作

---

❶　道綽《安樂集》卷上。(《淨土叢書》第九冊)

❷　道綽《安樂集》卷上。(《淨土叢書》第九冊)

高下比較，不必迴避佛法中其他三千法門。是的，淨土是簡易、通俗、淺顯，然而正合當世；佛法中殊勝方便確是很多，但不是我們這個時代的急需首要。

有此前提，道綽就能很瀟洒地指點江山，說「諸經宗旨不同」：

> 若依《涅槃經》，佛性為宗；若依《維摩經》，不可思議解脫為宗；若依《般若經》，空慧為宗；若依《大集經》，陀羅尼為宗；今此《觀經》，以觀佛三昧為宗。❷❶

弱水三千，我自取一瓢飲。於是，時教相應之說，成為淨土宗理論的一個基點。後來雖有唐代三階教也提出過他們的時教相應說（即遭懷感迎頭痛擊），但三階教短命，此後再也無人作過正面的挑戰。

迦才　《淨土論》

迦才活動於唐貞觀年間，本學攝論，後專淨土。著有《淨土論》三卷，堪稱第一部全面論述淨土宗意的專著。托名窺基(632-682)的《西方要訣釋疑通規》觀點形式都與彼近似，可見其力度所在。

《淨土論》自設問答，以「滯俗公子」與「淨土先生」對話的形式，展開全書。迦才在該書之自序中，公開為淨土宗立命：

---

❷❶　道綽《安樂集》卷上。(《淨土叢書》第九冊)

> 夫淨土玄門，十方咸讚；彌陀寶界，凡聖受欣。然則二
> 八弘規，盛乎西土；一九之教，陵遲東夏。余每披閱群
> 典，詳檢聖言，此之一宗，竊為要路矣！。❷

打出旗幟還不夠，更進一步直言批評廬山慧遠和道綽：

> 然上古之先匠，遠法師謝靈運等，雖以歛期西境，終是
> 獨善一身，後之學者無所承習。近代有綽禪師，撰《安
> 樂集》一卷，雖廣引眾經，略申道理，其文義參雜，章
> 品混淆，後之讀之者，亦躊躇未決。❸

口氣之大，佛門少見。但通觀全書，他之自稱「淨土先生」，
並非狂妄。

　　開卷九章目錄，就有不同凡響之處。請看每章名下的雙
行夾注：

> 第一定土體章（三土之中是何土攝）
> 第二定往生人（何位人得往生）
> 第三定往生因（修何因得往生）
> 第四出道理（依何道理得生淨土）
> 第五引聖教為證（謂引經論二教）
> 第六引現得往生人相貌(謂引道俗得往生人示諸學者)
> 第七將西方兜率相對校量優劣（謂何處易生）

---

❷　道綽《淨土論》序。（《淨土叢書》第九冊）

❸　道綽《淨土論》序。（《淨土叢書》第九冊）

第八明教興時節（謂今正是懺悔念佛時）

第九教人欣厭勸進其心（謂今厭穢欣淨）

頗有現代人的理論意趣。如此嚴密的論證構架，卻又表達得如此通俗；前者是佛教各宗所共，加上後者，才顯出淨土宗的風格。

在具體的修持理念上，他更是面向大眾，一「俗」到底。他對慧遠、道綽之不滿之處，是因為他們沒有強調淨土宗的通俗特色。相對的，無論是他的淨土分類法還是他的九品階位說，其中心即是一點：「淨土宗意，本為凡夫，兼為聖人也。」

迦才認為凡聖、善惡，皆得生彌陀淨土。可是如詳解《無量壽經》及《觀經》之意，則凡夫是「正生」之人，聖人是「兼生」之人，淨土教正是為凡夫所設的法門。因菩薩發心而自留惑，願生於惡道，救濟苦難眾生。所以不必為此等聖人說往生淨土。可是凡夫實有墮落惡道之畏懼，於穢土中不能發心修道，必定依靠淨土，所以佛為此開示淨土法門。《觀經》中說：為未來世之一切凡夫，受煩惱賊所害者，說清淨業。正是詮顯其意。淨土宗之意，本為凡夫，兼為聖者。

極目四顧，碌碌紅塵，大千世界，有幾個聖人？還不全都七情六欲、塵緣未絕的凡夫俗子！緣此立意，淨土宗大門暢開，對準了所有還活在這個娑婆世界的凡夫，何等的聰慧高明！

除此而外，迦才的《淨土論》還有二個值得注意的地方。其一是迦才對「別時意說」的辯解。「別時意說」之名，

出於真諦所譯《攝大乘論》卷中。論中分佛之說法為四：平等意、別時意、別義意和眾生欲意。相應的有四依之對待。四意四依之分的主題，即是佛隨眾生機宜說法，故三藏佛經，並非人人可依。若不知佛說之（四）意，依經也錯。這本是對太多的宗派、太多的佛經，各持一說、相互矛盾之局面的折衷。對隋唐之時開宗立派之中國佛教，四意之說是有百利而無一害的。

但問題在於《攝大乘論》判淨土之往生西方說為「別時意」。「別時意」者，簡言之乃是一方便假說。世親之《攝大乘論釋》第六中解釋說：若有眾生由懶惰之障，不樂勤修行，如來為使其人勤修行，則施以方便說。比方說：若誦持彼多寶如來之名，決定於無上菩提不能退墮是也。譬如以一分錢為資本，經營而得千錢，並非一日可能得到，必需花費多時，持誦佛名亦然。並不是只由誦持佛的名號，就決定能夠得到菩提，那不過是唯能成為不退墮菩提之因而已。發願則能受生安樂佛土之意，亦不外此意。此從瑜伽派之立場而立說，以彌陀之安樂淨土為受用報土，而報土是非地上菩薩不能得生。若從此見解看來，《觀經》等所說凡夫之往生西方一節，非是實說，不得不說是基於別時意趣之方便假說。

這一判說始於攝論家，後玄奘重譯《攝大乘論》，更明說下品凡夫不得往生，若得往生者，此意即知是「別時意說」。正因如此，自攝論師至法相唯識宗，在此意見上一脈相承，都捨彌陀而崇彌勒，廣勸道俗求生兜率，理由是兜率同在欲界而易修行，大小乘師均可通修。以玄奘之德望、瑜伽學派的聲勢，「別時意說」上百年間，成為淨土宗的魔魘。如唐

懷感之《釋淨土群疑論》曾感慨萬分:「自攝論至此百有餘年,諸德咸見此論文(指世親之《攝大乘論釋》),而不修西方淨業。」淨土宗因此而受之壓力,可想而知。

　　迦才由攝論而轉向淨土,深知「別時意說」對淨土傳播之妨礙,故首起辯解。《淨土論》卷中,數設問答,專說此事。迦才之說,大都還很勉強。例如說由理而究,經有了義不了義;言下之意,淨土經典是了義經,而《攝大乘論》是不了義。但憑什麼說此了彼不了,他沒有論證,故顯然不足以服人。又說雖有人說淨土是「別時意」,而但也有人說淨土不是「別時意」,雖然他引經十二,引論七部,同樣因沒有論證;你信此經,我奉彼論,至多打個平手。唯有一點,總算是辯解有道:

> 彼論(指世親之《攝大乘論釋》)所明,有別時有不別時。若唯空發願,即是別時;若行願兼修,非是別時。❷❹

　　迦才行願兼修之說,就《攝大乘論》而言,確是找到了缺口。因為世親判念佛往生為「別時意」,就是指光發願即可受生安樂佛土。而今迦才卻說:世親對淨土的理解有偏──若光有願而無行,世親所判無誤;但若是有願有行,則世親所判就有以偏概全之嫌。反過來,迦才於淨土宗之理教建設上提出了一個很重要的原則:對《觀經》等的理解,從而淨土的信奉,必須是有願有行;若停留在口頭上,空發願而無

❷❹　道綽《淨土論》卷中。(《淨土叢書》第九冊)

行，則是「別時意」，決定不得往生！這一原則，對淨土宗的精純，防止魚目混珠、過分泛濫，有其積極意義。

其二，迦才於《淨土論》中非常詳細地比較了兜率極樂之高下優劣，所謂「世界十異」（有女人無女人異；有欲無欲異；退轉不退轉異；中夭不中夭異；三性心異；三受心異；六塵境界異；受生異；說法異；得果異）和「往生者七種差別」（處有人天之別；因有難易之別；行有高低之別；自力他力之別；有無善知識之別；經論多少之別；信徒眾寡之別）。迦才之論，首先是淨土成熟的標誌。兜率極樂從混沌不分，到涇渭分明，乃是淨土宗成熟的必然前提和結果。至貞觀年間，迦才作如此總結，水到渠成。其次，這也是對當時攝論師、法相唯識宗之專奉彌勒的抗爭。就此而言，這才是開始，直到千年之後的清末民初，兜率極樂之爭，還在繼續。

善導　凡夫入報土論

善導與迦才同時而稍晚，但他的事跡之記錄，卻遠較迦才周詳。自道宣之《續高僧傳》起，幾乎所有的僧傳，特別是種種淨土叢書和往生傳中，都有善導大師的專題。然而，他被後代立為蓮宗二祖，固與他的行業有關，主要的卻是因他的凡夫入報土論。

迦才雖然揭示了「淨土宗意，本為凡夫，兼為聖人」的主張，卻沒有從淨土分類上予以論證。故在此問題上，真正作出劃時代之貢獻者，乃是善導。正因如此，後人為蓮宗立祖統，諸說各別，但善導之二祖地位，卻從沒動搖過。

有關彌陀淨土，自隋代以來，有種種不同的論說，要言之，大體不出三種思潮：一、說彼土為事淨麤國土，為凡夫往生所居者，即慧遠、智顗、吉藏等所倡導者。二、說彼土是報土，凡夫無法往生其土，即攝論師所主張者。三、說彼土通於報、化二土，地上聖人生報土，凡夫二乘生化土，即迦才、道世、元曉等所建立者。但是，這三種有關彌陀淨土位格看法中，誰也不承認凡夫往生報土之說。

然而，善導大師則充分發揮淨土立教之本旨，以判斷古今之氣概，毅然主張凡夫可生報土。蓋善導認為彌陀是報身，其土為報土，並非依《攝大乘論》等所說，而是根據《大乘同性經》：淨土得道者為報身；彌陀如來，蓮華開敷星王如來等，即依淨土得道之佛。又引《無量壽經》中說：法藏比丘，於因位中發四十八願，若不生者，不取正覺，今既成佛，此即顯示彼佛是酬因之報身，作為《大乘同性經》之佐證。

善導力倡彌陀淨土是報土，據此立論，則得出極為重要的結論──罪惡凡夫，亦能生彼佛之報土。這就是善導的「凡夫入報土論」。其論據，是如來強大本願力，為眾生入報土之增上緣。彼著《觀經疏》第一說：

> 問：彼佛及土，既言報者，報法高妙，小聖難階，垢障凡夫云何得入？
> 答：若論眾生垢階，實難欣趣，正由托佛願，以作強緣，致使五乘齊入。

本來曇鸞、道綽已有這種說法，但他們卻沒有作最後的一躍

——均不同意凡夫入報土之主張，而使淨土法門本來度世利人之大用，大都隱沒。現善導極力提倡，仗托佛願強緣之攝引，不但使諸家獲得啟信，同時亦激發修行淨土之行者，欣求往生西方。

從另一角度說，隋代以來，末法思想之勃興，時教相應之說大行；善導受時代思潮所啟發，認為釋尊所說八萬法門，在為正法、像法時代眾生斷惑證真者說，而末法具縛障重之眾生，證悟不易。《觀經》等淨土往生之法門，即是為五濁惡世之凡夫特設之方便法門。當今末法眾生，依此法修持，必可獲得解脫。

善導《觀經疏》第一，集中論說《觀經》是為對治未來世眾生為煩惱賊所害而說的——因地上菩薩，既登不退位，雖住生死苦海，然沒有生死染惑之憂虞。如鵝鴨游水，無溺水之虞。如來豈特為此等聖人立本願拔濟？如來大悲，特別是為一般苦難者，亦為溺水急待救濟之人；岸上之人，何需救濟？我等現為流轉凡夫，溺於生死大海，如來憐愍而發大悲願，而設淨土法門而救度之。觀經九品，皆對凡夫往生而說，與聖人全無關係。

其實，善導之淨土分類說，絕不是單純地依經索義所能得出的，恰如望月信亨教授所說：

> 善導大師，乃深切自信，而傳播如此綸音，而發揮凡夫可入報土之高論。信機、信法之深信觀念，由此而生。不同淨影等諸大師，只依淨土經典之文義，而作解說，對其法門，並未作客觀的探究。唯有善導大師為自己出

離解脫之問題，認真加以檢討，著疏之中充滿熱烈信念與深切體驗。《瑞應刪傳》說：「佛法東行以來，未有如禪師之盛德！」《西方略傳》尊善導為「彌陀之化身」。《新修往生傳》等別載化身善導與人間善導。此皆說明善導大師之感化眾生，不同尋常！ ❷❺

在意趣上，我們又一次看到了對印度佛法消化、選擇、和重新詮釋的精神，這正是佛教中國化的神魂所在。一旦善導奠定凡夫入報土說，「放下屠刀，立地成佛」，「臨終一念，永不退轉」等絕對中國式的，又具絕對蠱惑力的口號，已經呼之欲出了。

懷感　《釋淨土群疑論》

懷感係長安千福寺沙門，據瑞應刪傳：彼志操強悍，勵精苦學，解義入神，四方同好，競集其門下。可是，不信念佛得生安養之說。遂謁善導，而質其所疑，依教進道場念佛三七日；未得證驗，而自恨罪障深重，擬絕食以死。但被善導阻止，而勸以更勤精修。其後，念佛三年，忽然感見佛之玉毫，於是證得念佛三昧。臨命終時，感佛之來迎，合掌向西而捨命。他是否真曾親近善導，不得而知；但他的《釋淨土群疑論》，應可說是善導之後，淨土宗之集大成者。

《釋淨土群疑論》七卷，計十二編一百一十六章。全書自設問答，問題尖銳深刻，答意力爭圓通。其篇幅之大、引

❷❺　望月信亨《中國淨土教理史》，頁132。

證之細、論說之深，為蓮宗之前所未有。這說明至唐武則天時（據平昌孟銑〈釋淨土群疑論序〉，懷感著述未畢而逝，全書由善導之門人懷惲完成，懷惲圓寂於武周大足元年[701]），淨土宗的相關課題，從而其流傳，已經到了相當成熟的階段；否則的話，如此涵蓋全面的著作問世，是不可想像的。

就繼承前人而言，如淨土分類說，兜率與極樂之比較，對「別時意說」的化解等等，《釋淨土群疑論》都廣引博證，頭頭是道，有時不乏新見。但真正引人注目的，乃是《釋淨土群疑論》中所出現的，前人所未論及、深具時代特徵的內容。

隋唐以還，中國佛教各宗各派日漸成立，為樹特殊的宗旨宗風，除了獨特的口號祖統之外，最重要的就是確定「宗經」。每個宗派都從特定的經典中獲得教旨，同時就竭力宣揚本宗宗經異乎尋常、高人一頭，如天台宗說他們藉以立宗的《妙法蓮華經》是佛涅槃前所講的最後一部經，那當然應視為佛祖一生智慧的最後總結。而華嚴宗的《華嚴經》更標榜是「經中之王」，宣稱這是佛得道後所講的第一部經，只因實在太深奧，無人能懂，只得藏在龍宮中，不知幾世幾劫後，有龍樹菩薩潛入龍宮，偷得下部十萬偈，遂有《華嚴經》問世。號稱「不立文字」的禪宗，實際上是先由《楞伽》而《文殊般若》，到開元二十三年(735)唐玄宗親注《金剛般若》，「詔頒天下，普令宣講」，六祖慧能得法的故事中，便有了《金剛》印心的情節。時代大潮推波助瀾，幾本經典脫穎而出，其流傳之廣，到了家喻戶曉的地步。開宗立派需要各方面的權威，而經典的權威則是權威中的權威。而一旦經

典的權威性膨脹到一切存在的真理性標準，反過來，它就成
為宗派發展的制約——任何教理修證的新見新意，必須折衷
圓通，不管與那一本權威性的經典矛盾，就會造成信眾的質
疑；弄得不好，就會在佛學舞臺上無立錐之地。

　　緣此背景，溝通權威，成為《釋淨土群疑論》的重要內
容，請看其所設問：

　　問曰：如《維摩經》說：「若菩薩欲得生淨土，當淨其
　　心，隨其心淨，即佛土淨。」此之心淨，經文約十地菩
　　薩方名淨心。如何凡夫即欲生於淨土？

　　問曰：《金剛般若經》云：「若以色見我，以音聲求我，
　　是人行邪道，不能見如來。」又云：「離一切諸相，即名
　　諸佛。」如何今日作有相觀佛？

　　問曰：如《華嚴經》說：「諸佛平等，皆具一切行滿，
　　一切願滿，方成正覺……。」《無量壽經》及《悲華經》
　　等說：阿彌陀佛初發菩提心，及修菩提行，發四十八願。
　　與《華嚴經》文不同，有何意也？

　　問曰：《十輪經》說：「造十惡輪罪，一切諸佛之所不
　　救。」既言不救，如何念佛亦令罪滅得生西方？

　　問曰：《法華經》說：「謗斯經者，常生難處，永不見佛
　　眾聖中尊。」如何此經，謗法之人，得生西方，見佛聞

法，永離眾苦？

不管懷感是如何回答的，不管懷感能否調和那麼多的權威，問題是他提問了！他回答了！他注意到時代的要求，他回應了時代——這正是淨土宗成熟的標誌。

同樣的，對淨土本宗所奉的「淨土三經」，除了屢屢引用，作為論據外，也開始出現了注意到「三經」之間矛盾不一致的地方：

> 問曰：《無量壽經》……《觀經》……二經俱造五逆，並有十念得生淨土，有取有除，兩文不同，有何義也？

甚至同一本經中，也看出矛盾來：

> 問曰：何故《無量壽經》上卷四十八弘誓願云，乃至十念皆得往生，唯除五逆。《壽經》下卷即言，乃至一念皆得往生。何因同是一經，前後兩文，言一言十，遂有差別？

若非對經典反覆研讀，怎有可能發出此等疑問？如前一問題，懷感答道，對此問題已有所說法者，號稱「大德」的解釋，就有十五家之多！雖然懷感左右為難，對那一個「大德」都不敢得罪，說「諸家解釋，各有一途，難分勝劣」。但一個問題有那麼多的答案，若非討論熱烈，絕無可能；若非關係重大，懷感也不會明知無法回答，還是作上一問。

　　在《釋淨土群疑論》中，還有一個異乎尋常的地方，即是對號稱「四依菩薩」的三階教信行禪師(541–594)的猛烈抨擊。本來，身為佛子，跳出三界，慈悲為本，寬大為懷，對人對己，平等相待。詮釋佛理，無論門派，只要有一絲可能，總是盡量折衷。更何況懷感秉持淨宗，即使五逆十惡之人，也允其西方一行。為什麼獨對小小三階教一介禪師，如此大動干戈、興師問罪？

　　三階教創始人信行係隋魏州人，於相州法藏寺受具足戒，唱三階法，為世所趨。開皇七年相州知事奏聞，九年奉召入長安，僕射高熲為其立真寂寺居之。後長安有三階寺五所，即化度(真寂)、光明、慈門、慧日、弘善是也。信行撰《三階集錄》等書四十餘卷。弟子頗眾，信行卒後葬於終南山梗梓谷鵄鳴埠。其後教徒多葬於其側，因有百塔之稱，亦可見其教人對其教祖之信仰矣。

　　但入唐之後，三階教卻屢遭禁止。據《太平廣記》卷493，則天如意元年(692)令檢校京都福先寺無盡藏院，長安中(701–703)復敕檢校化度寺無盡藏院。又據《兩京新記》，天后對於三階教，認為邪說，故證聖元年(695)敕列三階文書於偽經中，謂為「違背佛意，別構異端」。玄宗開元元年(713)，敕毀除化度寺無盡藏院。開元十三年(725)，詔除諸寺三階院隔障，禁斷《三階集錄》。又據《開元錄》卷十八，聖曆二年(699)，敕「其有學三階者、唯得乞食長齋絕穀持戒坐禪，此外輒行，皆是違法」。

　　懷感之為，是否為當局搖旗吶喊？非也！同樣的反對，著眼點完全不同。

　　所謂「三階」者，也是一種時教相應說，但與淨土宗不一樣，它認為現世是第三末法時期，「亦名五濁諸惡世界、娑婆世界、盲暗世間、三界火宅，一切眾生起於斷常，即是空見有見眾生，亦名二乘眾生十惡世界是」❷❻。所以當世的解脫之道不是念佛往生，而是不墮愛憎，普施法雨──最有影響者即是普設無盡藏，廣斂錢財，施舍百姓。

　　同樣以時教相應為出發點，同樣的通俗、面向大眾，比之於往生西方極樂的淨土，對講究實惠的窮苦百姓而言，三階教施衣施財的無盡藏恐怕更有吸引力（然而這恰恰是朝廷最忌諱之處，卻偏偏屢禁不止）。這不能不說是一個嚴重的挑戰，所以《釋淨土群疑論》中，辯斥三階，成為一重大課題。

　　雖然懷感對三階教義作了全面的駁斥，例如對信行所說眾生根機的「三階說」，他引經據典，加以貶斥，說彼「失經宗旨」；洋洋千言之後，意猶未足，還舉「十難」以難之，頗有斬草除根之氣勢。但最值得注意的，乃是懷感對時教相應說的回應：

　　　　問曰：大集月藏分言……（即是佛滅後五個五百年之說）……今勸修十六觀及念佛三昧，此並是定慧法，只應合初二五百年中修學此法，何因今日勸修學耶？今三階學者，多引此文，證第三五百年已後，不合學定。何因今勸學修十六觀及念佛三昧？❷❼

---

❷❻　信行《三階佛法密記》。引自道宣《續高僧傳》，卷21，〈信行傳〉。（《大正藏》2860）

❷❼　懷感《釋淨土群疑論》，卷3。（《淨土叢書》第九冊）

　　這確實是個大問題！時教相應說乃是淨土立宗的基點之
一，但如今三階教挑出了毛病：十六觀和念佛三昧屬定慧法，
合第二個五百年；而現在是第四個五百年，「何因今勸學修
十六觀及念佛三昧？」這是一個無法迴避而又很難反駁的問
題，但若不破解，淨土宗的整個理論大廈都會毀於一旦。

　　回顧歷史，先輩大德們無論在經典註釋還是在實踐修證
上，其「觀」其「念」都一脈相承地屬於禪定；道綽在他的
時教相應說中雖然以「稱佛名號」接續以「修福懺悔」，但
他的「稱佛名號」還是自廬山慧遠、鳩摩羅什以來的定慧三
昧。所以，三階教的疑難可謂是鑿鑿有據、擊中要害。

　　然而就是在這一髮千鈞之處，懷感以無比的卓識，推陳
出新，為淨土立宗完成了最後一躍。

　　　釋曰：十六觀與念佛三昧有淺有深……初二五百年，解
　　　脫禪定得堅固者，此據色界修慧定心也（深）；若聞思
　　　心想成者（淺），通第二第三等五百年也……

　　原文頗長，多引令人乏味，請注意懷感對念佛三昧的發
揮。

　　如前所說，智顗所說四種三昧中「一行三昧」對淨土宗
影響巨大。但從更廣大的經典背景中看，正其名應為「念佛
三昧」：《華首經》名「一相三昧」，《文殊般若經》則名「一
行三昧」，《觀佛三昧經》名為「觀佛三昧」，《大集賢護經》
名為「思維諸佛現前三昧」，《華嚴》、《涅槃》等經，則名「念
佛三昧」。按經論通義，「念佛三昧」有定散，有相無相之分。

無相念佛三昧，是謂以無所得心，而修無相觀，念阿彌陀佛的真實法身；是根機深厚之學者所修，此觀行若成，則斷二障，能見佛之真實法身。有相念佛三昧，是謂以有所得心，而觀佛的清淨色身，殊勝相好，而至誠稱念；此觀行，乃機淺之學者所修，此行若成，即能見佛之報、化二身。而今懷感總說為深淺之分——就深者而言，其「觀」其「念」，確屬定慧之中；三階所說，即是此也。但就淺者言之，則是根機低鈍之人，依欲界聞思修慧心而攝念作意，此心所見，即是色界修慧心所見，乃佛之報、化二身。通俗地說，「淺」的、「有相」的、「散心」的念佛三昧，可以於日常生活之行住坐臥，一切時處皆可修行；乃至臨命終時，修之也能成就其行。此「觀」此「念」，決定非定慧法所攝！訴諸經文：《觀經》的下品三生說：由於唯念阿彌陀佛，即得往生淨土。又說：攝取念佛眾生而不捨。《無量壽經》三輩中唯一向專念阿彌陀佛，得生於彼國。又四十八願中別發一願：乃至十念，若不生者，誓不取正覺。《般舟三昧經》記載：阿彌陀佛於定中答行者之間說：欲生我國，當念我名，而不休息。《鼓音聲王陀羅尼經》說：十日十夜，念阿彌陀佛，則得生於佛國。《華嚴經》中說：念佛三昧必定見佛，命終之後生於佛前。《占察經》說：如欲往生十方佛國，當念彼國佛之名號，即得往生。以上，皆示以由稱名念佛之法，得往生淨土的。所以，往生之行門，確實多多；但佛為度末世鈍根，於經中多說淺學。

懷感輕輕一撥，化險為夷，三階教的挑戰，全盤落空。然而，懷感對淨土宗的功績，並非止於平夷三階異端，而在

於他對「念佛」之「念」字的最後突破。

　　漢字之中，心有所動曰念，意念於心，不發於聲也。若出於聲則曰「言」曰「說」曰「誦」曰「唸」……故翻譯佛經，「念佛」也者，屬觀想、屬禪定，自古以來，從無異見。

　　但禪定三昧，何等高深，絕非一般凡夫所能領會理解。而對廣大百姓來講，「念佛」也者，發於心而出於口，理事順章，絕非二致。所以，在淨土宗的傳播過程中，不可言傳的禪定「念佛」，變為人人可行的口頭「念佛」，乃是歷史的必然。從廬山慧遠時代起，歷史文獻中對「念佛」二字的易起「誤解」的含糊，已經出現；而後則愈來愈多，最後到了「以訛傳訛」的地步。問題是誰能接受這歷史的信息，作出應順時勢之舉。懷感即其人也！

　　當懷感辯解「念佛三昧」之時，以「有相念佛」、「散心念佛」說淺學鈍根之行門，指彼不屬定慧法，已經到了瓜熟蒂落的階段。所以他在高僧大德之屬禪定的「無相念佛」、「定心念佛」之外，另設方便，倡口頭念佛，乃是水到渠成之事。

　　《釋淨土群疑論》最後特設一問答，可謂異峰突起，盡攝全書之精華：

　　　　令聲不絕，至心便得，今此出聲學念佛，定亦復如是，令聲不絕，遂得三昧。見佛聖眾，皎然常在目前。故《大集日藏分經》言：「大念見大佛，小念見小佛。」大念者，大聲稱佛也；小念者，小聲稱佛也。斯即聖教，有何惑哉！

儘管他曲解經文，硬把《大集日藏分經》中的「大念」、「小念」說成「大聲」、「小聲」，但後人並沒有因此而判他「波羅夷」重罪。因為從淨土理念的本質來說，從中國文化的實踐傾向來說，從平民百姓的理解能力來說，淨土宗成為一宗派，從而其宏布，絕對需要一平實易行、可說可傳的勝方便。一旦懷感把「念佛」理解成「唸佛」，就等於給老虎添上了雙翼，淨土宗真正成了中國佛學舞臺上的「插翅虎」！

＊　　　　＊　　　　＊　　　　＊

歷史的發展本來是一漸進的自然過程，雖有不少遞變之「點」，但若真正深入研究，任一過程都無法確定在某時某日由某人完成其「質變」。所以本書對禪淨二宗的立宗過程之描述，定位非常之寬。於禪宗，泛說整個「東山法門」時期；而淨土宗則更從淨影慧遠說到懷感。以懷感為一階段標誌的理由：本來（觀想）念佛是佛教各家的通修，屬禪定。唐代攝論、三論、唯識都修念佛。各大經都講念佛。一旦觀想念佛變成稱名念佛行，則成為淨土宗的獨家標幟，故淨土成宗之追述，到此為止。

第四章　宗旨宗風

第一節　宗派成立之後

宗教成熟的標誌，在教理建設上，應當是創世說（從而神譜）和修行觀（從而戒律、禮儀、獻祭）形成體系；在社會地位上，應當有一定的政治經濟力量和相當數量的信徒；在宗教觀念上，應當確定對種種非神和他神之社會存在或思想觀念的應對之道；在組織上，應當新的領袖人物不斷湧現，從而內部再度產生宗派。

就此而言，中國佛教中各宗派的成熟，也可在上述四方面予以觀察。只不過教理上的創世說、神譜往往代之以創宗說和祖統；而對非神和他神的批評則代之以對別派別宗的批評。

作為唐宋以來中國佛教第一大宗，禪宗的發育是相當成熟和典型的。

經道信、弘忍兩代的努力，禪宗獲得了關鍵性的轉變，其勢力與影響也逐漸從黃梅擴及全國。弘忍的弟子，後因南北對峙而傳說不同，但是其分布還是大致清楚的：

慧能、印宗在廣東，神秀在荊州、長安、洛陽，玄約、

道俊、禪憩、通、法、顯等在湖北，智銑、宣什在四川，惠藏在陝西，老安在河南，法如在山西，法持、智德、曇光、覺等在江蘇，義方、僧達在浙江，法照在安徽，慧明在江西，就是這樣多的著名弟子，把東山法門廣播到全國，至於不知名的千人弟子，散布的面積當更廣更密，對群眾的影響也更大。❶

而其中最顯赫的，乃是神秀的北宗。神秀是陳留尉氏(今河南省尉氏縣)人，俗姓李，十三歲出家，二十歲在東都天宮寺受戒。史傳神秀「游問江表，老莊玄旨，書易大義，三乘經論，四分律義，說通訓詁，音參吳晉」，是一位內外兼修的學者。神秀在五十歲左右「至蘄州雙峰東山寺，遇五祖以坐禪為務，乃嘆曰：此真吾師也。誓心苦節，以樵汲自役，而求其道。」神秀在弘忍門下「服勤六年，不捨晝夜」，位至上座，被譽為「東山之法，盡在秀矣！」弘忍死後，「學徒不遠萬里，歸我法壇」，不滿十年，神秀所居玉泉寺東的度門蘭若，成為當時中原禪法的重鎮。大足元年(701)，神秀奉旨進京，則天帝親執弟子禮，恩隆無比。神秀以九十六歲高齡，為「兩京法師，三帝門師」，一百零一歲去世，諡為「大通禪師」，去世後的哀榮，亦一時無儷。神秀門下人才濟濟，所謂升堂者七十，昧道者三千，其中以義福(?–732)、普寂、景賢(660–723)、惠福四大弟子為首，他們也得到朝廷權貴的崇信和支持。

---

❶ 船庵〈中國禪宗五祖述略〉。

> 普寂禪師，秀弟子也，謬稱七祖，二京法主，三帝門師，
> 朝臣歸宗，敕使監衛，雄雄若是，誰敢當衝？❷

禪宗的祖統說，就是在這樣的形勢下應運而生：

> 自菩提達摩天竺東來，以法傳慧可，慧可傳僧璨，僧璨
> 傳道信，道信傳弘忍。繼明重跡，相承五光。❸

東山法門的常坐三昧，經神秀發揚，總結成朗朗上口的十六字口訣：「凝心入定，住心看淨，起心外照，攝心內證。」禪宗席捲中華大地的歷史場景，由此掀開序幕。

或許是對統治者青睞和支持的爭奪，或許是維護佛法純正的衛道大任所趨，或許是不同修證心得和境界的比較碰撞，或許是宗派繁榮的必然……神會的荷澤宗大舉北上，形成了名義上「南能北秀」而實質上是「荷澤頓門」與「北宗漸門」的對立。荷澤神會「不惜身命，定佛教是非，豎立宗旨」❹的結果，一方面是替「慧能南宗」爭得了知名度——慧能和尚「作偈呈心」的故事膾炙人口，家喻戶曉。另一方面，對統治當局及士大夫來說，和尚爭鬥乃是一種很有新聞性、宣傳性的「秀」——禪宗的整體聲譽不但沒有因兄弟鬩牆而受到損害，反而因此而大大提高。安史之亂平定後，自肅宗上元元年(760)起，至武宗會昌四年(845)，八十六年內，除神會

❷　宗密《圓覺經大疏鈔》，卷3。

❸　《金石續編》卷6。

❹　燉煌本《壇經》。(《大正藏》2007)

因平定安史之亂有功於朝廷而被封為七祖之外，慧能三度被封（唐中宗神龍元年、肅宗上元元年和憲宗元和十年），還迎其衣缽至大內供奉，更有著名文人劉禹錫和柳宗元先後為其撰碑（以劉、柳之盛名，有一人之文，就足以名垂青史；二人都撰，雖然是皇上旨意，但慧能之幸運，中國歷史上不作第二人想）。沾後輩的光，弘忍、慧可也先後被封（代宗大曆十年和二十年）。緊接著，當代大德百丈懷海（穆宗長青元年）、石頭希遷（穆宗長青四年）、南嶽懷讓（敬宗寶曆二年）、圭峰宗密（文宗太和二年）一一受封。禪門風光，絕非他宗可比。

「會昌法難」予中國佛教的意義，與「安史之亂」予大唐帝國的意義可以等量齊觀。以大唐帝國的衰落從而中原文化的萎縮為根緣，寺院凋敝，經論遭毀，佛教各宗再也不復往日繁華。同樣，禪宗主流荷澤與北宗也一蹶不振。然而，就歷史發展而言，此乃一小小曲折。以改朝換代為契機，不假經論、注重勞作的南禪，偶有三二同道，即可參究，於是在惡劣簡陋的環境下，南方的洪州、石頭二宗乘機崛起。在政治和經濟地位上，他們全盤繼承了前輩的遺產，成為朝廷的寵兒；教理和組織上，他們更具創造性，在共通的「如來拈花，迦葉微笑」——「西天二十八祖」——「東土六祖」的祖統說之下，「南禪五家」，各自獨立，各有門風。禪宗的黃金時代，終於形成。

當禪宗坐穩了佛門各宗的第一把交椅之後，當禪宗很聰明地用「教外別傳」四個字把其他所有的宗派都貶下去之後，宗門之內的派系之爭就成為禪門的主流。一花五葉，各領風

騷——慧能傳下的曹溪禪，重心必然地轉移到悟境的鑒別之上；從而各派的分界，也落實到接引——修行方式之上，建立規範成為宗門的頭等大事。

與禪宗相比，淨土宗的成熟完形就不那麼典型，故其成為宗派的標誌即有所不同。與當時佛門主流的禪、天台、華嚴、法相等宗相比，淨土宗沒有組織嚴密的僧團，沒有名聞遐邇的宗廟，尤其是——沒有名滿天下的領袖，請看歷代之奉詔入京的大德之名錄：

> 隋煬帝之尊智者大師，唐太宗、高宗之敬玄奘三藏，武后之於神秀，明皇之於金剛智(671–741)，肅宗之於不空(705–774)……有力地促成了隋唐佛教的極盛。檢閱當時的佛教：三論之學，上承般若研究，陳有興皇法朗，而隋之吉藏，尤為大師。法相之學，原因南之攝論，北之地論，至隋之曇遷而光大。律宗唐初智首、道宣，實承齊之慧光。禪宗隋唐間之道信、弘忍，上接菩提達摩。而陳末智嚼大弘成實，隋初曇延最精涅槃，尤集數百年來之英華，結為茲果。又淨土一曇鸞，天台之智儼，三階佛法之信行，俱開隋唐之大派別。❺

淨土宗確是瞠乎其後，湯用彤教授這一「又」字堪稱深得春秋筆法之精髓——曇鸞與智儼、信行併列，屬「又」之後提上一筆的「二流腳色」。平心而論，歷史青簡之上，能跟在前述大師的後面被提上一筆，這「又」字真的沒有辱沒

❺　湯用彤《隋唐佛教史稿》，頁1。

了三位。

既然如此，淨土宗的成熟表現何在？

淨土宗有自己的優勢！因為淨土立宗的根基，乃是生與死、此岸與彼岸、人間與天國等人類最深刻的終極關懷。而它的回答，卻又是如此之簡捷、通俗。隨著淨土宗教理的完全，上述問題成了淨土的「專利」——任何團體、任何個人，那怕你不是佛教徒，只要你思考過「死亡以後」的問題，你就往往得與淨土觀念打交道。歷史的事實，無數高人雅士、平民百姓，他們各各具有完全不同的信仰系統，有的甚至隸屬於特殊的信仰團體，但在他們內心深處，不約而同地保留了一個角落，裏面藏著——西方極樂世界！這就是淨土宗的涵蓋面甚至超過律宗而被稱為「寓宗」的原因所在。所以，淨土宗的成熟，主要就表現在廣泛的傳播上面。

首先，繼承淨土宗一貫的傳統，大量的章疏經注問世流傳。除前面已提到過的道綽、迦才、善導、懷感等人的著作外；他宗之人，如華嚴之智儼(602-668)，法相之玄奘、窺基師徒，律宗之道宣法師，都有有關淨土的疏論；遠在朝鮮半島的新羅國之元曉(617-？)、圓測(613-696)、義寂、憬興，雖然或受業於智儼（元曉），或師事於窺基（圓測），但都「游心安樂道」(此為元曉所著書名)，他們的著作，各人都有數部之多。以上所述，還是現在尚存者，至於已佚失者，則是更多。如前文所提到的，懷感之《釋淨土群疑論》第三中，羅列對《觀經》與《無量壽經》之矛盾處會通者，光「大德」所說，就有十五家之多；然至宋代道忠著《群疑論探要記》，其中「六說」已經不知出於何人。如果再進一步細細檢索佛

家經疏目錄，則有唐一代，關於淨土三經的注疏，當時已佚和（古）有名（今）無書者，比比皆是❻。綜合上述數點，回頭返顧，當年淨土弘布之狀況，不難想像。

其次，充分反映淨土通俗特色者，乃是當時彌陀造像和淨土變相蔚然成風。彌陀造像，自隋代以來漸次流行，入唐以後，頓然增加。舉其著者，如洛陽龍門石窟，自貞觀至開元年中，僅載入《金石錄》的阿彌陀佛造像（亦即刻有造像銘文者）即達一百餘尊，其中不乏達官貴人，如將軍柱國京兆公園武蓋（貞觀年間，三尊）；洛州崇陽縣令慕容（貞觀二十一年，一尊）；銀青光祿大夫丘悅贊（開元三年，為亡母造大彌陀身像）；內侍高力士（開元二十二年，一尊）……此外，河南安陽萬佛溝洞，河南鞏縣寶山，河北磁州南響堂山，山東歷城千佛山等，至今尚有初唐時所造彌陀佛像。

與洞窟造像相呼應，是城鄉各大大小小寺院中的淨土變相。淨土變相，傳自印度、于闐等國，初入華時，主要是菩薩像，如北齊時有阿彌陀五十菩薩像（即五通曼陀羅）；貞觀年間，中印度闍那達磨持阿彌陀佛及二十五菩薩圖像來朝等等。然而到了富於藝術氣質的唐代畫家和僧人手中，淨土變相進入了真正的藝術境界：一方面，據《觀經》等所鋪敘，西方世界有七色蓮華、舍利鳥……風光無限！於是變相中也就出現了淨土寶地、寶池、寶樹、寶樓閣等。如唐張彥遠之《歷代名畫記》第三中說：洛陽大雲寺之佛殿有尉遲乙僧所畫淨土經變，洛陽昭成寺香爐兩頭有程遜所畫淨土變及藥師變，長安雲花寺小佛殿有趙武端所畫之淨土變，東禪院內之

❻ 參閱望月信亨《中國淨土教理史》，第十九章。

東壁有蘇思忠所畫西方變，長安光宅寺東菩提院內有尹琳所畫之西方變，洛陽敬愛寺大殿內之西壁有趙武端所描之西方佛會。

另一方面，既有念佛行善而往生西方，則必有邪行作惡而下墮地獄，於是牛頭馬面、劍樹刀山的地獄變也到處流行。如劉阿祖所描之十六觀及閻羅王變，長安光宅寺淨土院小殿內西壁有吳道玄所畫之地獄變，長安安國寺大佛殿內西壁亦有吳道玄所畫之地獄變。

與深奧的經書相比，圖畫更加通俗，更加生動；與簡單的念佛相比，變相更加豐富，更加感性。特別是地獄變，以其神秘、猙獰，更能滿足人們對那未知的事物和世界的好奇，更能迎合人們喜歡在安全的位置上體驗恐怖的心理，故也具有更大的宣傳感化作用。據《佛祖統記》第四十：唐玄宗開元二十四年(736)，吳道玄於長安景公寺畫地獄變，凡觀者皆懼罪而修善，兩市之屠沽為之不售肉。

最後，淨土流行的最直接指標，乃是大量的信徒。這方面最有力的材料，即是帝王對淨土的信奉。一方面，大內九重，侯門似海，一種宗教教派要能進入廟堂，非得在民間有相當的基礎才有可能；另一方面，草偃於風，上行下效，一旦帝王置喙，「一登龍門，身價百倍」，民間的信徒則更加如癡如醉。漢魏六朝以來，信奉佛教的帝王為數不少，梁武帝甚至有「佛心天子」之稱，但虔信淨土的例子，則未曾見。然隋唐以後，歷代帝王，與淨土有緣之帝王，則不在少數：

隋文帝壽仁二年(602)孤獨后卒，著作郎王劭與天竺闍提斯那先後說她往生淨土。

隋煬帝於并州弘善寺塑阿彌陀佛坐像高一百三十尺。

武則天曾親手縫繡極樂淨土變和織繪靈山淨土變，其中淨土極樂變單幅長二丈四尺，廣一丈五尺。僧傳說有四百幅之多，恐是誇大，即使天后下令繡製，可能也不大，但宮中繡織淨土變之舉，總是事實。

開元二十八年(740)，玄宗女永穆公主於五臺山造淨土諸像。

安祿山反時，肅宗於行宮內奉僧晨昏念佛，動數百人，聲聞禁外。

綜上所述，明顯地可以看出：隋唐以還，淨土宗的優勢，在其通俗，在其普遍，以數量勝。但無論是領袖人物，還是僧團、宗廟，其「品位」與其他各宗相比，還是有所差距。正因如此，立宗以後的淨土宗，自覺不自覺地把重心落到自信心的建立從而與他宗的比較上面──特別是對「盟主」禪宗的批評。此時的淨土，口頭上大有「唯我獨尊」的氣勢，實質上嚮往的，乃是「雄據一方」的地位。

第二節　教外別傳

在中國歷史上，真正巨大影響於人心的，與成熟於宋明的主流文化──無論是程朱理學還是陸王心學──糾纏互動的禪宗，並非早期達摩、慧可的禪宗，也非東山門下之正統的神秀北宗，甚至不是慧能的曹溪禪及其門人神會之荷澤禪。真正積澱於中國文化的，乃是曹溪門下洪州、石頭二宗所衍出的「南禪五家」。所謂席捲中華、獨尊佛門，造成「天下

名山僧佔九，十成廟宇九禪寺」之情勢的，是五家禪而非他
們的先祖；真正豎起「教外別傳，不立文字，直指人心，見
性成佛」之宗門標幟（據《釋門正統》，「不立文字，見性成
佛」始見於慧能的三傳弟子、馬祖道一的門人南泉普願
[748–834]。南泉下傳趙州從諗[778–897]，而他的同門百丈
懷海[720–814]則衍出臨濟、溈仰二宗。故「教外別傳」之十
六字口號的成熟完型，當正是南禪時代），把禪宗之宗旨發
揮至爐火純青、登峰造極的，也是五家禪。所以，若說禪門
風貌、禪宗宗旨，第一、要分清前前後後，到底指的是那一
家「禪宗」；第二、真正的典範只能是南禪，非他其屬。

　　說到禪宗，「一華五葉」四字可謂耳熟能詳，人人皆知。
其實，「一華五葉」並非達摩老祖所說，實是後世南禪的發明
——他們口中筆下的禪宗史，乃是從達摩至慧能，六代「一
線單傳」之「一華」；到臨濟、曹洞、溈仰、雲門、法眼「分
頭並弘」之「五葉」。真是一手蓋天、指鹿為馬——「一華」
至少遮掉了神秀北宗和牛頭禪；「五葉」則掃除了重鎮荷澤和
盟友趙州禪。然而，既為南禪所說，必有其意義——若是換
一視角，從宗旨機鋒的角度借用此語，「一華五葉」倒是一
絕妙寫照。

　　所謂「一華」，從史的角度說，指的是從達摩到慧能的
六代單傳；但就宗旨言，則是指禪門的祖統說，這是禪宗的
根系、主幹，它支撐和決定了整個禪宗的門風。

　　而「五葉」，從史的角度說，則指五家禪，它們本是同
根生，服從於統一的門風，又各各具有不同的家風。但就宗
旨言，則可緊扣「教外別傳」之十六字訣而一一檢視禪宗的

機鋒。

一華　　「教外別傳」的祖統說

禪宗的祖統，如前所述，最早見於東山門下，但那是出於立宗之需要，故只追述到菩提達摩。所謂「繼明重跡，相承五光」，乃是歷史的事實，為的是宣告本宗師出有名、承受有緒，別無更深的意義。

而後，禪宗的祖統說經過二次大的變動：一次是南能(實質是神會)北秀的爭奪。當時，代表北宗的《唐中岳沙門釋法如行狀》和《傳法寶記》，代表南宗的神會的《南宗定是非論》，都不約而同地從《達磨多羅禪經》(佛陀跋陀羅，亦即覺賢三藏在廬山譯出)的慧遠所作小序中引出禪宗的法系：

> 佛滅度後，尊者大迦葉，尊者阿難，尊者末田地，尊者舍那婆斯，尊者優婆崛，尊者婆須蜜，尊者僧伽羅義，尊者達磨多羅，乃至尊者不若蜜多羅，諸持法者，以此慧燈次第傳授，我今如其所聞而說是義。

他們把達磨多羅說成菩提達摩，把不若蜜多羅說成達摩在印度的弟子，而達摩在中國的弟子就是慧可，這樣就有了早期的「西天八祖」說。

然而，這種編造也確實太荒誕離奇了，從如來到達摩一千餘年，竟然只需七代人就可以跨越！這種法系顯然是為了爭奪正統宗派的地位而曲意編造出來的。爭奪正統的需要，

祖統追溯得愈遠愈好，先輩的名頭愈響愈好，他們就把毫不相干的人也拼湊進來。連祖宗也可以強奪硬認，看似生硬可笑，實則反映出禪宗漸漸坐大之勢。

第二次則是南禪時代，隨著宗門勢力的急劇擴張，唯我獨尊的意識也就成為必不可少的了，最集中的體現，便是「教外別傳」口號的提出。

在禪宗日益發育，趨向成熟時，「教外別傳，不立文字，直指人心，見性成佛」的宗門標幟漸漸豎起。它指佛教大小二乘，空有二部，顯密二教共為「教宗」，其共同的特點是「藉教」，是依據經論文字來獲得佛法，確立教旨的，而唯有它自己是「教外」，是直得如來心傳。故禪宗稱其他佛教宗派為「佛語」、「教宗」、「教內」、「不了義」等，而自稱「佛心」、「心宗」、「教外」、「了義」等。確立如此信念的首要前提，便是標明祖統，講清如來「心燈」是怎樣一代一代傳遞至今的。不但要法統分明，而且從如來開始的歷代祖師，個個應是「不立文字，直指人心」的專家。於是，編造祖統，附會增益祖師故事，重寫禪宗史的運動，成為南禪趨向成熟的重要內容和步驟。

在如此強烈的時代要求面前，粗糙的「西天八祖」說便迅速地被修改、補正。禪師們從《付法藏傳》獲得啟發，把傳中的二十四世加上原〈禪經序〉的（除去重複的迦葉、阿難、末田地三人）五師，就有了「西天二十九世」說。唐李華為天台八祖左溪玄朗所作〈左溪大師碑〉已說：「佛以心法付大迦葉，此後相承，凡二十九世。」與之同時，曹溪門下成都保唐宗的《歷代法寶記》，也取二十九世說。而神

會所傳的荷澤門下（如〈曹溪大師別傳〉）　則取二十八祖說（或不取末田地，或沒有彌勒迦）。　而在禪宗中最具權威的《壇經》（燉煌本）則從七佛到慧能共四十世，前除七佛，後除中華六代，則西天為二十八世，就這樣，「西天二十八祖」說遂為後代禪師所公認。

但真正改定「西天二十八祖」說，在其中深深注入「教外別傳」氣血的，則是江西洪州宗傳下金陵沙門慧炬（或作智炬、法炬）作於唐貞元十年(801)的十卷《寶林傳》。　前荷澤宗所傳的「西天二十八祖」說，雖然在時間上能填補自如來到達摩一千餘年的空白，但在具體的人物上，還是有出入的。《付法藏傳》中的商那和修和優波掘多，即是〈禪經序〉中的舍那婆斯和優波掘，屬同名異譯。有了這種出入，他們的「西天二十八祖」說就無法令人完全相信的。於是《寶林傳》刪去了重複的姓名，並參照僧祐的傳說把婆須蜜提前為七祖，再把僧伽羅義說成旁支而擯出，最後加上二十五到二十八四個祖師，這樣《寶林傳》的「西天二十八祖」說可謂是「源流清楚」、「完美無缺」了。自《寶林傳》以後，禪宗的「西天二十八祖」序列再也沒有改動過，也沒有再作改動的必要。

於是乎，「如來拈花，迦葉微笑」──「西天二十八祖」──「東土六祖」的完整祖統確立了，許多聞未所聞的故事出現了。最最重要的是，此時禪宗之祖統，已不是一單純的「家譜」；列祖列宗，都被深深注入禪宗之神魂，並且代代相傳──正是這內在的精神、境界，才是禪宗新祖統的要義所在！在此意義上，我們方能稱此祖統為「一華」而指其為禪

宗的根系、主幹。

首先看禪宗的「第一口實」（創宗論）。傳說中的禪宗最早淵源，是一個神秘有趣的故事：

> 世尊在靈山會上，拈華示眾，眾皆默然。唯迦葉破顏微笑，世尊云：「吾有正法眼藏，涅槃妙心，實相無相，微妙法門，咐囑摩訶迦葉，汝當善護持之。」

佛祖就是這樣把最深刻的「心印」傳給了大迦葉。相傳佛祖還同時傳了一衣一缽給大迦葉作為付法的信物。於是禪宗就產生了、開始了、一代一代地流傳下來了。故事是美麗的、生動的，但可惜卻是假的。在中國佛學史上，真實的情況是先有禪宗，而後才有「拈花—微笑」的故事。不要說翻遍《大藏經》，未見一冊經論中錄有此事，就是遍查魏晉隋唐之佛書，也從無此說。但是，就是這樣一個毫無根據的故事，卻得到了普遍的承認，這不得不令人對故事作稍微深入的思索。

聽了「拈花—微笑」的故事，恐怕任何一個人都會問：那神秘的剎那，如來把什麼東西傳給了迦葉？那種傳授又是怎樣進行和實現的？這兩個問題正是禪師們想兜售給人們的東西，這也正是南禪的本質所在！

我們先從迦葉說起，他是個非同小可的人物。佛經上多次說過，迦葉是佛祖接班人，佛祖說他的「正法眼藏」盡數傳給了迦葉，要眾人以他為「大依止」。佛經中還有佛祖讓迦葉與他並坐的記載。所以，民間雖有彌勒佛、藥師佛等人是如來佛的接班人的傳說，但佛教史上，佛祖真正的接班人

還是迦葉。接班人的首要任務，當是接受和傳播佛法。迦葉號稱「法藏祖第一」，因有這段佛教史實：釋迦牟尼遊行布道四十五年，卻沒留下一部著作，世傳其教義戒律都是由弟子記錄下來的。但弟子一多，記錄就難免有差別出入。所以佛滅寂後，佛教中的第一件大事，便是整理其言行記錄，並結集經典，以免佛法被遺忘、被歪曲。據傳迦葉在佛滅後第一個雨季，於王舍城外畢波羅窟（又名七葉窟），召開了五百比丘大會。大會開了七個月，整理出了《法藏》、《經藏》、《律藏》「三藏」。佛滅後六百年間，類似的大會共開了四次，佛教史稱為「四次結集」，其結果便是規模巨大的佛教經典流行於世。所以迦葉的功勞，即在經典結集流傳！

但「拈花一微笑」的故事中，禪宗卻有意違背歷史事實，把經典取消了。那麼佛法是怎樣傳下來的呢？有這樣一個民間傳說：一個窮人遇見了一個仙人，仙人許願讓窮人變富，要什麼給什麼。隨著仙人所指，財富一一出現。結果，那個窮人什麼都不要，只要那個仙人的手指。不少人都把這個傳說當作笑話，其實這裏面包含著嚴肅深刻的智慧。因傳說中的所有的財富，無論其怎樣的金碧輝煌、稀世珍奇，都是第二性的、派生的，從而是虛假的；唯有那仙人的手指，才是真正的財富，因為它是第一性的、源泉的，因而是真實的。在禪宗看來，佛法也同財富一樣，一切見諸於經典的，都是第二性的、派生的，因而也是片面、局部的佛法；而真正的佛法，應當是第一性的、源泉的，因而是全面、整體的。一句話：佛法與佛同在，佛與佛法不可分割！教家諸宗則認定從經典中方能討得佛法，他們在多如牛毛的佛書中苦苦爬剔

尋覓，永遠淪為佛的奴隸，永遠也得不到真正的佛法，永遠也成不了佛。因此，在「拈花—微笑」的故事中，南禪禪師們毅然把佛家經典驅逐出去，而認為就是在「拈花—微笑」的一剎那間，佛祖即把自己「本身」傳給了迦葉，佛祖同時與迦葉合二為一，迦葉獲得了真正的佛法，迦葉也就成佛了。所以不立文字，不要經典，不需任何外在的權威。唯此，方能有全面的、整體的佛法體驗。這種體驗無法言說，也不必言說，這種體驗可以傳遞，並早已傳遞了……一切的一切，在迦葉破顏微笑的瞬間，都已實現，都已完成，都已結束。

緊接著的「西天二十八祖」——考察禪宗《燈錄》中的「西天祖師」說，發現其內容都不外乎兩個部分組成：一是各代祖師如何得到和印證自己的繼承人，一是各代祖師付法之後如何涅槃。內容簡單，模式單一。用文學和美學的眼光看來，這種公式化的敘述毫無價值可言。然而，對南禪來說，個中卻有其自身的獨特意義，因為南禪「教外別傳」的特色、精髓和秘密，全蘊涵其中。

最後終於傳到了「東土六祖」。那怕六位都是有案可稽的「近現代」人物，南禪禪師們還是毫不猶豫地讓他們「改頭換面」，一個個作公案、鬥機鋒——與其說南禪五家是他們的衣缽真傳，不如說他們是南禪宗廟中的護法尊神！請看達摩見梁武帝之對，慧可得髓之答，慧能得法之偈。他們的頭頂被畫上了祖師的神聖光環，口中唱出的則絕對是南禪的心聲——「心是菩提樹，身為明鏡臺」，佛的實踐，我即是佛！

從如來開始，一代一代的祖師，個個都有精彩的故事，並且全都是對「教外別傳，不立文字，直指人心，見性成佛」

絕妙的註解。緣此祖統，那怕禪分五家，一傳再傳；那怕宗
風重變，代有新見；那怕掣蛇斬貓、斷指扭鼻、五位君臣、
黃龍三關、青衫六斤、當頭棒喝，直至無經無書、呵佛罵祖
……實質上，沒有一個禪師曾越雷池半步，他們看似千奇百
怪、隨心所欲，實是非常嚴肅和肅格地在詮釋祖師的悟境 ——
也就是在實踐禪宗的宗旨。

五葉　　宗旨宗風　　定慧合一

　　成熟的禪宗，其「教外別傳」的自覺，首先就表現為對
自己「出身」的背叛 —— 如此高明的「了義」宗門，怎麼可
能是從那並不高明的「不了義」禪學中發展而來？所以，就
祖統而言，他們的祖師們個個都是一出娘胎就天生開悟的，
絕不需要任何定慧修持。

　　相應地，在教理上，禪宗必然不能接受傳統佛學「以戒
資定，以定發慧」的修證模式。持戒、坐禪，那都是「知解
宗徒」（這是南禪在《壇經》中借慧能之口對神會的批評，
後泛指一切守舊之徒）的事；真正的「頓悟」， 根本不必如
許支節。但禪宗宣稱，他們否定的只是本末顛倒、執著形相
的妄持枯坐，並且唯有如此，方能真正堅持戒律和禪坐的精
義 —— 不持不坐，勝似持坐，其最高結晶，便是被寫入禪宗
之宗經《壇經》，並號稱第一要義的「定慧等」。不是不要持
戒坐禪，只是我們的開悟境界之中，早已包含、完成了戒定
的目的。得意忘言，得兔捨筌，急流既濟，舟筏何用？

　　在教理上是「定慧合一」， 定即慧、慧即定；在教行上

則走得更遠——從重慧輕定，到取慧捨定，到不非定不足以顯慧。禪宗之外在的形相上的宗旨——不坐禪、不持戒、不禮佛以至呵佛罵祖，逐漸形成。

惠能後至曹溪，又被惡人追逐，乃於四會避難獵人隊中，凡經一十五載，時與獵人隨宜說法。獵人常令守網，每見生命，盡放之。每至飯時，以菜寄煮肉鍋。或問，則對曰：但吃肉邊菜。（摻入於《壇經》故事）❼

（南嶽懷讓以「磨磚豈得成鏡」點化馬祖道一）汝學坐禪，為學坐佛？若學坐禪，禪非坐臥。若學坐佛，佛非定相……汝若坐佛，即是殺佛。❽

（丹霞天然）於慧林寺遇天大寒，取木佛燒火向，院主訶曰：「何得燒我木佛？」師以杖子撥灰曰：「吾燒取舍利。」主曰：「木佛何有舍利？」師曰：「既無舍利，更取兩尊燒。」❾

（德山宣鑒）我先祖見處即不然，這裏無祖無佛，達摩是老臊胡，釋迦老子是乾屎橛，文殊普賢是擔屎漢。等覺妙覺是破執凡夫，菩提涅槃是繫驢橛，十二分教是鬼神簿、拭瘡疣紙。四果三寶、初心十地是守古冢鬼，自

---

❼ 燉煌本《壇經》。（《大正藏》2007）

❽ 普濟《五燈會元》卷3，江西馬祖道一禪師。

❾ 普濟《五燈會元》卷5，丹霞天然禪師。

救不了。❿

　　表面上他們一個比一個出格離譜，實質上禪宗所行的還是佛門方便，所謂「遮詮」之法——否定否定再否定，其目的則是要聽者讀者學者得出肯定的結論和理解。只不過傳統佛教用「遮詮」於經典文字之上，而禪宗氣魄宏大，敢於「遮」定以「詮」慧，藉此突破，禪宗得以樹立起獨特的宗旨宗風，給人以耳目一新之感。

五葉　　宗旨宗風　　不立文字

　　禪宗自初祖達摩開始，即以《楞伽》印心；至東山宗摻入《文殊般若》；後荷澤宗又興《金剛般若》；最後曹溪門下共奉一本《壇經》，確立了「《壇經》傳宗」制度。

> 　　若論宗旨，傳授《壇經》，以此為依約。若不得《壇經》，即無稟受。須知法處、年月日、姓名，遞相付囑。無《壇經》稟承，非南宗弟子也。未得稟承者，雖說頓教法，未知根本，終不免諍。大師言：十弟子！已後傳法，遞相教授一卷《壇經》不失本宗。不稟承《壇經》，非我宗旨。如今得了，遞代流行，得遇《壇經》者，如見我親授。大師言：今日已得，遞相傳授，須有依約，莫失宗旨。如根性不堪材墨，不得須求此法；違立不得者，不得妄付《壇經》。⓫

<hr>

❿　普濟《五燈會元》卷7，德山宣鑒禪師。

　　白紙黑字，歷歷在目，但南禪卻公然把「不立文字」四個大字列入宗門口號之中，此話何說？

　　遠在道生時代，「不立文字」的精神早已巍然屹立。道生大師直承魏晉玄學「言意之辯」的主旨，抉發佛法圓義故事，耳熟能詳：

> （道生）潛思日久，徹悟言外，乃喟然嘆曰：夫象以盡意，得意則象忘；言以詮理，入理則言息。自經典東流，譯人重阻，多守滯文，鮮見圓義。若忘荃取魚，始可與言道矣。❷

但大師有更精彩的發揮，卻鮮為人知，在僧慧達的《肇論疏》中，引有竺道生的大頓悟說：

> 竺道生法師大頓悟云：夫稱頓者，明理不可分，悟語極照。以不二之悟，符不分之理，理智惠釋，謂之頓悟。見解名悟，聞解名信。信解非真，悟發信謝。理數自然，如菓就自零。悟不自生，必藉信漸。❸

道生提出「悟」和「信」的不同，「悟」是「見解」，是「不二」，即是內在的、整體性的證悟。而「信」是「聞解」，是「非真」，會因「悟發」而謝的，即是言語文字層面上的接受。

---

❶　燉煌本《壇經》。(《大正藏》2007)

❷　慧皎《高僧傳》，卷7，〈道生傳〉。(《大正藏》2059)

❸　慧達《肇論疏》。

道生自己就是循此思路，超克了經典文字的「信」，體證了極照不二的「悟」。這兒道生已經觸及了《壇經》所謂「正語言本性」的問題：語言文字的概念性、分別性、以至其非真實性（非存在本身，對存在的分割）……後世南禪的「指月之喻」已經呼之欲出。道生為禪宗不眺之祖，非虛語也！

禪宗的「指月之喻」關鍵在於要求人們分清指月，不要誤認指月之指即是明月本身。所以，「不立文字」並非真的無經無書，不說不寫；而是要求人們分清主次，不要把作為手段、工具的語言文字誤認為證悟本身。

「不立文字」的真正意義，在於它觸及了本體與認識、存在與概念、內在體證與外在表達的關聯與區別問題。這是極高的智慧！人類從來是直覺地認為上述一切是絕對地同一的，只有在哲學家的概念中，它們才被分開。禪宗卻在宗教修證的實踐中，揭示了其矛盾的一面。但這是一個非常危險的遊戲，因為作為人，你只能通過語言文字來表達意見。當禪宗高唱「不立文字」時，他們用的恰恰就是文字！這本身就是一個悖論，一種不合理。禪宗的高明就在於他們接受了這個挑戰——

在現存最早的燉煌本《壇經》中，慧能大師的臨終付囑，即是關於「不立文字」的「三十六對法」，其動機，即在於克服人類存在與語言文字的天然矛盾。

　　大師言：汝等拾弟子近前，汝等不同餘人，吾滅度後，汝各為一方頭，吾教汝說法，不失本宗。舉三科法門，動用三十六對，出沒即離兩邊，說一切法，莫離於性相。

> 若有人問法，出語盡雙，皆取對法，來去相應，究竟二
> 法盡除更無去處。

接著，慧能具體例舉了天地、日月、暗明、陰陽等「三十六對法」，強調「自性起用」，指為本門宗旨。對慧能的臨終付囑，由於轉傳脫文，記錄不全❹，人們對其意義理解頗有分歧。相比之下，李澤厚教授的理解頗具慧根：

> 任何一種解說，任何一種肯定或否定，即使如何空靈巧妙……也都不過是強作聰明，冒充解語，都是該打的。總之，應該破解對任何語言、思辨、概念、推理的執著。而這也就是慧能臨終傳授宗旨的「秘訣」：「若有人問汝義，問有將無對，問無將有對，問凡以聖對，問聖以凡對。二道相因，生中道義。」

> 有無、聖凡等等都只是用概念語言所分割的有限性，它們遠非真實，所以要故意用概念語言的尖銳矛盾和直接衝突來打破這種執著。問無偏說有，問有偏說無。只有打破和超越任何區分和限定（不管是人為的概念、抽象的思辨，或者是道德的善惡、心理的愛憎、本體的空有……），才能真正體會和領悟到那個所謂真實的絕對本體。它在任何語言、思維之前、之上、之外，所以是不可稱道、不可言說、不可思議的。束縛在言語、概念、

---

❹ 中國學者郭朋《壇經校釋》，日本學者關口真大《禪宗思想史》和鈴木大拙所校訂的燉煌本《壇經》，都持此說。

邏輯、思辨和理論裏，如同束縛於有限的現實事物一樣，便根本不可能「悟道」。

可見，禪宗的這一套比玄學中的「言不盡意」、「得意忘言」又大大推進一步。它不只是「忘言」或「言不盡意」，而是乾脆指出那個本體常常只有通過與語言、思辨的衝突或隔絕方能領會和把握。⓯

循此思路，我們就不難理解，何以標榜「不立文字」的禪宗，一個比一個說得多，而且個個顛顛狂狂，胡言亂語，不知在說些什麼。實際上，他們才是真正的「語言大師」，他們非常小心的盡力克服禪體驗與語言文字的天然矛盾。他們盡量利用語言的多義性、不確定性和含混性，主觀任意地、不合生活邏輯和一般語言規範地使用語言，其目的，便是想用語言去表達那非語言的成佛境界，那真正的「言外之意」。

當慧可一聲不吭交「白卷」，達摩卻給了他滿分時；當慧能三年不印可南嶽懷讓(677–744)，最後他說了一句「說似一物即不中」即得過關時；當仰山慧寂(807–883)說《涅槃經》「總是魔說」時；當五家禪畫圓相、做手勢、拳打腳踢、當頭棒喝時……他們不是在開玩笑，也不是自欺欺人，他們切切實實的是在「正語言本性」。正因如此，晚出的諸本《壇經》，把原先的「壇經傳宗」改成了「三十六對法」，「二道相因義」傳宗——這充分說明南禪對「不立文字」的自覺和重視，他們為終於找到了克服「文字魔障」的途徑而歡欣鼓

⓯ 李澤厚〈莊玄禪宗漫述〉，《中國古代思想史論》，頁201。

舞，並驕傲地將此樹為宗旨，寫入歷史。

五葉　　宗旨　　自性自度

不持戒、不坐禪、不讀經、不禮佛、不立文字，禪宗否定一切外在的手段，於是就有了其特有的自證宗風。

本來，相對極端他力的淨土宗，中國大乘各宗都自稱為自力成佛。但禪宗卻來了個「對著干」——唯有它是真正的自力成佛，而所有的「教外」各家，都是他力成佛。

早在達摩時代，以《楞伽》印心，傳「二入四行」，已經拈出「宗通」與「說通」，「理入」與「行入」的對應。在宗旨上是「理行雙入」、「宗說俱通」，但在意趣上，「行入」是手段，「理入」是目的；「說通」是言說的，「宗通」是自證的。

> 佛告大慧：一切聲聞緣覺菩薩有二種通相，謂宗通說通。我謂二種通，宗通及言通。說者授童蒙，宗為修行者。[16]

> 修多羅所謂宗通者，謂緣自得勝進，遠離言說文字妄想，趣無漏界自覺地自相，遠離一切虛妄覺相，降伏一切外道眾魔，緣自覺趣光明暉發，是名宗通相。[17]

---

[16]　求那跋陀羅譯《楞伽阿跋多羅寶經》，卷1。（《大正藏》670）

[17]　杜朏《傳法寶記》。（《大正藏》2838）

　　到東山禪，援《文殊般若》之「一行三昧」入《楞伽》，取念佛勝方便，以念為佛，以坐為禪。但其禪修目標卻是「非方便」的——念佛要念到「忽然澄寂」（「無所念」，連念佛心也落謝不起），那時則「泯然無相，平等不二」，心即佛、佛即心，達到即心即佛的悟證。所以東山門下固以「長坐不臥」為宗門特色，卻也會有不協調的警句：「夫身心方寸，舉足下足，常在道場，施為舉動，皆是菩提。」（道信語）

　　正是從此旁門之中，導出了曹溪門下極端的自力成佛道。在現象上，慧能只作了一小小的改革——變「念佛」為「念摩訶般若波羅蜜」；但實質上，此乃佛門一大革命！

> 　　與善知識說摩訶般若波羅蜜法。善知識雖念不會，惠能與說，各各聽。摩訶般若波羅蜜者，唐言「大智惠彼岸到」。此法須行，不在口念。口念不行，如幻如化；修行者，法身與佛身等也。❶❽

　　摩訶般若波羅蜜，是內在的、目的的、彼岸的「大智惠」，相對而言，「念佛」之「佛」，則就是外在的、手段的、此岸的「他在」。循此精神，《壇經》中出現了一系列前所未有的名詞——自性佛、自歸依、見自性法三身佛……「理入」、「宗通」吞沒了「行入」、「說通」；「即心即佛」壓倒了「坐禪為務」；只有目的，無須手段；只有成功，不見途徑；只有自覺聖智的成佛體驗，無須修行方便和語言媒介。

　　所以當有學生向馬祖道一說「來求佛法」時，道一回答：

_____

❶❽　燉煌本《壇經》。（《大正藏》2007）

> 我這裏一物也無，求甚麼佛法？自家實藏不顧，拋家散走作麼！⑲

而香巖智閑(?–898)在溈山靈祐（775–853）處學習：

> 屢乞溈山說破，山曰：「我若說似汝，汝已後罵我去，我說底是我底，終不干汝事。」

當香巖開悟了，

> 遽歸沐浴焚香，遙禮溈山。贊曰：「和尚大慈，恩逾父母。當時若為我說破，何有今日之事。」⑳

最厲害的是黃蘗希運——

> 洪州黃蘗希運禪師，閩人也。幼於本州黃蘗山出家。額間隆起如珠，音辭朗潤，志意沖澹。後游天台逢一僧，與之言笑，如舊相識。熟視之，目光射人，乃皆行。屬澗水暴漲，捐笠植杖而止。其僧率同渡，師曰：「兄要渡自渡。」彼即褰衣躡波，若履平地，回顧曰：「渡來！渡來！」師曰：「咄！這自了漢，吾早知當斫汝脛。」其僧嘆曰：「真大乘法器，我所不及。」言訖不見。㉑

---

⑲ 普濟《五燈會元》卷3，大珠慧海禪師。

⑳ 普濟《五燈會元》卷9，香巖智閑禪師。

㉑ 普濟《五燈會元》卷4，黃蘗希運禪師。

那「躡波若履平地」者顯然不是常人，這個佛菩薩的代表站
在彼岸，欲渡黃蘗，取的是傳統大乘的成佛之道；但在黃蘗
看來，這還是他力成佛的「自了漢」，　還是要痛罵一頓，打
斷其腿。

五葉　　宗旨　　頓悟成佛

　　當年神會與北宗爭奪禪門正統，指責神秀北宗「師承是
旁，法門是漸」，自此以後，「南頓北漸」成為禪史成說。然
而，對於「頓悟」二字，不可籠統而說。

　　廣而言之，在中國歷史上，對頓悟、漸悟的辯論，早在
魏晉時代佛法初來時就開始了。所謂頓漸，有理的頓悟漸悟
和行的頓入漸入之分。隋唐以前，大乘經義已經是「悟理必
頓」了，以竺道生為最高代表：「積學無限」，不悟則已，「一
悟則紛累都盡耳」，究竟成佛。道生的積學無限漸修頓悟說，
包含著「行入」作為其頓悟的修證手段。就此而言，菩提達
摩的「二入四行」如來禪，在本質上與道生主張並無差別。
當然他們的「行入」不同於彌勒系的唯識學（決定漸悟），也
不同於龍樹所倡（或頓或漸），而是如同隋唐間中國大乘佛學
之大流：發心即成佛道。明白了這一背景，站在理行相即的
藉教立場上看，「南北宗中，相敵如楚漢」的荷澤南宗與神
秀北宗，實際上並無原則分歧，東山門下發心便能現生頓入
佛慧、「即心是佛」的傳統，都是頓悟——荊州法如「屈申
臂頃，便得本心」；玉泉神秀「一念淨心，頓超佛地」；荷澤
神會「十信初發心，一念相應，便成正覺」——其共同點都

是從「行入」入手，獲得「理入」的證悟。在這一點上，它們共同構成以「理入」吞沒「行入」的南禪之對立面。

專而言之，作為禪宗宗旨宗風之概括的「頓悟」，至少可包含三層意思：

首先是最常識性的含義，「頓悟」之「頓」為時間性的，指剎那開悟。禪宗從達摩開始就與廣造文疏，依文作注的「義學」著意對立，而後在長期的南頓北漸的爭鬥中孕育出直捷簡潔的體悟禪風，故特別強調開悟的剎那感受。在南禪的「燈錄」中，「豁然貫通」、「言下大悟」……諸如此類的詞句比比皆是。往往是一句提問、一聲棒喝、一線燈光、一個動作就能使禪師們開悟。幾乎在任何情況下，任何觸媒都能引發他們的禪機：或過水時照見自己的影子，或種地時拋磚擊竹發出響聲，或看人出喪聽到「魂歸何處」的歌聲，或見賣肉者自誇所賣「哪裏不是精底」……都能令人開悟，真所謂「經誦三千部，曹溪一句亡」，不知花了多少心血去追求，「上窮碧落下黃泉，兩處茫茫皆不見」，最後卻在無意之間，一下子如同被閃電擊中一樣，通體光明透徹，用禪師自己的話說：

為愛尋光紙上鑽，不能透處幾多難，忽然撞著來時路，始覺平生被眼瞞。❷

這種長期尋找而不得，忽然達到「心華發明，照十方剎」的意境，這種「眾裏尋他千百度，驀然回首，那人卻在，燈火闌珊處」的迷茫與驚喜，是只有身歷其境，親身體驗者方能

---

❷ 慧洪《林間錄》卷上，白雲禪師。

意會。於是，這神聖的剎那被鄭重地記錄下來，代代相傳，被蒙上了神聖的光環，成為南禪的標誌。

其次，「頓悟」之「頓」又指直接性，是指悟道者與佛之間無間隔、無媒介的直接合一。早期禪宗繼承了道生大師「悟不自生，必藉信漸」的觀點，持「宗說俱通」的立場，南禪則全然否定了「說通」和「聞解」——對真如的觀照絕對是如如的！當大愚一把抓住臨濟義玄(787–867)叫他「速道！速道！」時；當定上座要把問「禪河深處」者拋到河裏去時；當溈山靈祐一腳踢倒淨瓶以答「不叫淨瓶叫什麼」的問題時；當鄧隱峰把車子從馬祖道一不肯縮回去的腳上碾過去時；當俱胝和尚砍斷濫竽充數的小沙彌的手指時……他們不約而同地拋棄了語言和一般性的手勢動作，因為這些言行雖然能達意，但畢竟和所表達的對象間有一空隙，這一空間需要想像和意會，需要智性分別才能跨越。而現在「一把抓住」、沉入河中、踢倒淨瓶、車輪碾過、砍掉指頭……方是真正沒有空間的對物如的直接體驗！由此出發以理解南禪的棒喝，理解黃蘗希運給百丈懷海的「一摑」，方能明白懷海何以因「親遭一口」而心滿意足。

最後，「頓悟」之「頓」是整體性的，而不是局部的點滴漸行。早在竺道生那兒，固然漸修頓悟，但所謂「頓」，則是「以不二之悟，符不分之理」，已經是整體性的了。所以禪師不悟則已，一悟則「桶底脫落」——「紛累都盡」；反之，水牯牛過窗櫺，全身已入，唯餘一尾巴未過，還是前功盡棄。只要有一個環節、一個側面、一個層次上通不過，就是「白雲千重，遠之又遠」！

> 師（盤山寶積）將順世，告眾曰：「有人邈得吾真否？」
> 眾將所寫真呈，皆不契師意。普化出曰：「某甲邈得。」
> 師曰：「何不呈似老僧？」化乃打筋斗而出。師曰：「這
> 漢向後掣風狂去在！」師乃奄化。㉓

無論畫得怎樣高明，總是平面的，總是死的，故「皆不契師
意」；唯有把自己活生生的機體顯示出來，才是整體的、有
血有肉的。師徒由此心心相印。唯有到此境界，禪師才死也
瞑目，安然順世。

五葉　　宗旨　　平常心是道

信佛學佛，最終目的是要成佛。與傳統的來世成佛、西
方成佛的思想對立，南禪之修證，即意在當世成佛、此岸成
佛。

按傳統的說法，凡夫俗子要經過幾世幾劫的修行，逐級
上升，最後才能超脫輪迴，證得佛果。相對於充滿苦難罪惡
的現實世界，存在著一個無限光明的彼岸世界。佛在西方淨
土，永恒地、默默地注視著人們在塵世中掙扎、追求，而只
有勘破紅塵、結束掙扎和追求的人，方能成佛成祖。

禪宗之立宗，一開始就是以當世成佛、此岸成佛為口號，
所以於佛教諸宗中，特別對淨土思想無法認同。四祖道信就
曾說過：「心淨即佛土，不須更向西方。」㉔到後來，南禪借

㉓　普濟《五燈會元》卷3，盤山寶積禪師。

㉔　淨覺《楞伽師資記》。（《大正藏》2837）

六祖慧能之口，大聲詰問：

> 東方人造罪，念佛求生西方；西方人造罪，念佛求生何
> 方？ **㉕**

這一公案，成為禪宗與淨土宗的最大心結，此乃後話。但這句語，首先向禪宗本身提出了一個挑戰，這便是當世成佛說的最大困難 —— 便是如何檢驗？如何證明？

當今世與來世，紅塵與淨土的對立涇渭分明時，傳統佛學對佛的形象和內容的規定是十分方便和清晰的。而今消除了此岸與彼岸的對立，請問佛與眾生如何區別？需要有新的關於佛的形象和內容的規定。

> 金佛不度爐，木佛不度火，泥佛不度水，真佛內裏
> 坐。 **㉖**

這是南禪出色的答案 —— 佛在當世！佛在此岸！佛就是人人都具之佛性，體認之、實踐之，即是佛；漠視之，染污之，即是眾生。「是心是佛」、「是心作佛」的法門展開了，其最高命題即是「平常心是道」，「行住坐臥皆道場」。

四祖道信之名言：「夫身心方寸，舉足下足，常在道場，施為舉動，皆是菩提。」指的是禪坐時澄明的心境，馬祖道一則將其發揮成為一種生命狀態、生活信條、安身立命之道：

㉕　燉煌本《壇經》。(《大正藏》2007)

㉖　普濟《五燈會元》卷4，趙州從諗禪師。

> 道不用修，但莫污染。何為污染？但有生死心，造作趨
> 向，皆是污染。若欲直會其道，平常心是道，何謂平常
> 心是道？無造作、無是非、無取舍、無斷常、無凡無聖。
> 經云：「非凡夫行，非聖賢行，是菩薩行。」只於今行住
> 坐臥，應機接物，盡是道。道即是法界，乃至河沙妙用，
> 不出法界。㉗

　道一此言，並非無經典依據之自造，所謂「道即是法界」，正
是《文殊師利說般若經》、《大乘起信論》和《壇經》中對「一
行三昧」一脈相承的理解。馬祖之創見，在於將歷來高推聖
境的「一行三昧」化解為平常的生活態度，有了這份體認佛
性的「平常心」，眾生就是佛，就能舉手投足、行住坐臥，
散發出神聖的佛光。

　　自從南禪在中國廣為傳播之後，僧人和尚的形象，再也
不是在晨鐘暮鼓的苦修中身似槁木、心如死灰的「出家人」，
再也不是伴陪著數尊泥塑、幾柱殘香的避世者。無論是在詩
畫戲曲中，還是現實生活中，他們都是寬袍大袖，揮灑自如，
智慧無礙，超然世外。昔日古寺青燈、灰身滅智的淒慘，被
寄情山水、生命常綠的活潑所代替；昔日坐禪持戒、形影相
弔的寂寞，為友佛友祖、神交天地的自由所取代。造成這一
變化的根本原因，就在於南禪特有的解脫境界。

　　南禪的解脫，是剎那間對生命的秘密、世界的本源、佛
法的真諦的直接把握；所以南禪的解脫不須要坐禪、持戒、
讀經、禮佛。禪師不是在枯坐中與一神秘的本體在冥冥中相

㉗　《江西馬祖道一禪師語錄》。

遇；不是對自我作繭自縛，然後化蛹成蛾；不是出於對生命的恐懼而逃離生活；不是匐伏在佛像巨大威嚴的陰影下尋求菩薩的庇護。在南禪看來，不存在任何外在的權威，權威來自於內在的、正確的領悟。南禪的解脫成佛，即是對生命和世界的秩序的體驗，是在日常生活中領悟人生和自然的真諦。

　　正因如此，他們敢於將佛家最根本的信條——四大宏願，一一篡改，其意趣，便是將佛法落實於日常生活，平常心是道！

　　　　釋迦老子有四弘誓願云：眾生無邊誓願度，煩惱無盡誓願斷，法門無量誓願學，佛道無上誓願成。法華亦有四弘誓願：饑來要吃飯，寒到即添衣，困時伸腳睡，熱處愛風吹。❷⑧

　　雖然從真理論的角度看，禪宗此舉侵蝕了真理的客觀統一性，成為後世禪宗自身危機的總根源（也是讓禪宗從對淨土否定轉化為接納的內在原因），但在需要開創的立宗時代，禪宗此舉確是一大解放，禪師們的生命慧燈，由此發射出異樣的光輝：

　　　　尋師認得本心源，兩岸俱玄一不全。是佛不須更覓佛，只因如此便忘緣。❷⑨

---

❷⑧　普濟《五燈會元》卷19，白雲守端禪師。

❷⑨　普濟《五燈會元》卷4，龜山正元禪師。

春有百花秋有月，夏有涼風冬有霜，若無閒究掛心頭，
便是人間好時節。❸⓿

第三節　念佛往生

淨土立教，主題為來生、西方，皆屬無法實證之內容。
故早期淨土之發達，主要依靠演繹經典，如淨土分類、九品
往生等等，頗有「紙上談兵」之嫌。一旦其成為宗派，大量
的信徒和宗門豎立的信念，對實踐的要求則日益迫切。故淨
土成熟的標誌，首先表現為法師們對經典所說的直接踐履和
「證明」。

又，有唐一代，中國佛教諸宗各各雄據一方，頗有逐鹿
中原之勢。相比而言，淨土宗雖以通俗簡捷勝，但其弱勢心
理始終存在，故其在實踐證明、鼓吹自宗之餘，必然要批評
他宗——尤其是對當時影響日大的禪宗的批評。由當年不斷
地辯護自身，到而今主動出擊，批評他宗，乃是淨土成宗之
後的最大變化。

修證靈驗

這一代的代表人物，有慧日、承遠、法照、飛錫、大行、
道鏡等人。其活動年代，涵蓋自公元八世紀初（唐中宗神龍
年間）至公元九世紀末唐滅止。他們共同的特點，首先在於

---

❸⓿　宗紹《無門關》，《大正藏》2005)

篤履踐行，以自身的修證體驗，向人們宣傳淨土的殊勝。而
且往往是因他們的靈驗和德望，驚動天聽，召入禁中，賜號
封賞。

如慈愍三藏慧日，幼時見義淨由印度返國，心竊羨仰，
期望自己亦能赴印。嗣聖十九年(702)遂決意首途，由海路乘
船，經崑崙、佛誓、師子洲等，三年始達印度國境。巡拜聖
跡，尋求梵本，訪善知識，凡十三年。然後欲以陸路歸國，
跋涉雪嶺胡鄉之間；具嚐辛酸，深厭閻浮，不知如何離苦得
樂？焦慮不知依何方法速得見佛？遍訪學者皆勸往生淨土。
隨後至健馱羅國（迦畢試國之誤），至王域之東北一大山上，
斷食祈請觀音，忽蒙指示往生西方，同時亦覺身體強健，乃
取路嶺東。開元七年(719)抵達長安。玄宗賜號慈愍三藏。他
是「留學」歸來，非比常人。

然承遠、法照師徒，則純靠定中前往極樂，蒙諸菩薩傳
授而開法門。史傳承遠轉修淨土，天寶元年(742)於衡山之西
南，建立精舍，號彌陀臺，僅安置經像，糲食弊衣，清音修
道，於是發得三昧，常感聖境現前。當時法照在廬山，一日
入定，往極樂世界，見惡衣僧侍於佛側，問是何人？佛說是
南岳承遠。乃直往衡山面謁承遠，悲喜流涕而受其教！遠近
道俗亦聞其風，於是大建堂宇，又造經藏，賜彌陀寺之額。

而後大行、道鏡師徒，更靠淨土行驗，名滿天下。據《瑞
應刪傳》及《宋高僧傳》等云：大行是齊州（山東省歷城縣）
人；曾入泰山，以草為衣，採木為食，專修法華普賢懺法，
三年內感普賢真身之顯現。後來深感身之無常，慮來世之受
生而入經藏，一心念願，任手取經，偶得《阿彌陀經》，乃

日夜讀誦，至三七日半夜，發得三昧，忽見瑠璃大地。又見阿彌陀佛及無數化佛。其後廣以念佛勸化道俗，時帝王聞其德望，召入禁中、發問法要，敕賜常精進菩薩，封為開國公。

又據戒珠《往生傳》，日光寺道鏡，暮茅為菴，取花暖身，專修念佛三昧，更想畫阿彌陀佛像十萬億，深慮一生之中不得滿願，乃造板畫，晝夜不休燒香印刷之。印有一萬億張時，香煙中見如幻化佛，至五萬億張時，粗見佛之色相，六萬億張以後，身相頗明，八萬億張以後，化佛微笑語言，達十萬億張時，化佛告曰：汝往生之業已成就，不久當生我國。

緣此種種，信眾日增，淨土之教日盛！

信憶稱敬

淨土法門，迥異於其他宗派之處，即在於他宗宗旨，或在於定、或在於慧；或在於修、或在於證；而淨土純在一個「信」字。作為易行法門，只要你信，那怕臨終一念，也能往生。故大行之「信、憶、稱、敬」四字訣，不脛而走，成為淨土宗之口號。據清涼澄觀《華嚴經隨疏演義鈔》所記載，大行宗崇念佛，有四字教詔，所謂「信憶」二字不離心，「稱敬」二字不離身口——往生淨土要須有信，信千即千生，信萬即萬生。信佛之名字不離心口，諸佛即救，諸佛即護。心常憶佛，口常稱名，身常敬佛，始名深信。

其門人道鏡著《念佛鏡》，一反前人著作之傳統，不是從淨土分類開始論說（這是魏晉以來幾乎所有淨土著作的通

例），而是以「勸進念佛門」開卷。

> 夫佛者，三界大師，四生慈父。歸信者，滅罪恒沙；稱
> 念者，得福無量。凡欲念佛，要起信心；若當無信，空
> 無所獲。

現存殘卷的《略諸經論念佛法門往生淨土集》中，慧日也是
開宗明義，即說「今為此等無信道俗成立淨土教，令念佛信
而迴向」。　對於廣大百姓而言，「信」遠比「定」、「慧」、
「禪」、「悟」等要切實易行，故淨土宗之普及也非他宗所能
比擬。

唯一正道

　　有信有證，淨土宗也就不讓他宗專美於前，「唯我獨尊」
的信念也出現於書上言下。慧日《往生淨土集》云：

> 菩提道有八萬四千，其中要妙而功易成，速得見佛，速
> 出生死，速得禪定，速得解脫，速得神通，速得聖果，
> 速得自在！速遍十方，供養諸佛，現大神變，遍十方界，
> 隨形六道，救攝眾生，有進無退，萬行速圓，速成佛者，
> 唯淨土之一門。

此主張以淨土念佛為正宗之意，非常明顯。
　　又飛錫倡三世念佛，說念彌陀一佛即通念三世諸佛。以

彌陀是無量壽佛，三世諸佛亦皆是無量壽佛，念現在彌陀，
亦同念三世之彌陀，同生十方之極樂。其次，念過去佛者，
所念過去已成之佛與能念之我等眾生，因果相同。即《觀佛
三昧經》中說：所念之佛，如已出胎之獅子王；能念之人如
在胎中之獅子王，雖因果有異，但威神相繼。飛錫所謂「三
世」，關鍵就在於包容一切。

　　大行一系則走得更遠，禪宗斥「教內」諸宗全是他力成
佛，唯有他們是真正的自力成佛；而《念佛鏡》則指一切他
宗為自力成佛之難行道，唯淨土一門為他力成佛之易行道。

> 問云：「諸論法門，其數無量，何法自力？何法他力？」
> 答云：「如來雖說八萬四千法門，唯有念佛一門是為他
> 力，餘門修道，總為自力。」

> 問曰：「准阿彌陀經中，不可以少善根福德因緣得生彼
> 國，未知何者是少善根？何者是多善根？」
> 答曰：「如來八萬四千法門，若望念佛法門，自餘雜善，
> 總是少善根，唯有念佛一門，是多善根多福德。」

承此說法，飛錫《念佛三昧寶王論》釋「是心是佛」：

> 心念方是佛，不念何能成佛。

短短二句十一個字，卻把淨土宗乃成佛之唯一正道之理，發
揮到極致。

主動出擊

淨土宗發展至中晚唐，一方面是腳跟已穩，另一方面畢竟還是小宗，有點力量，但還不夠強大，此時最富進取心。於是乎，對他宗別派的批評也就尖銳起來。除了「宿敵」三階教，昔日的「室友」彌勒淨土也要劃清界線，「遠親」禪宗發達了卻翻臉不認人（四祖道信即有「心淨即佛土，不須更向西方」之說，更不用說慧能在《壇經》中的惡劣反問了），當然也要爭個高低。綜上因緣，批評、爭辯成為當時淨土一大特色，在當時的淨土著作中，此類文字佔了極大的比重。對三階教和彌勒淨土的批評，乃繼前賢之餘緒，這兒不再重複。唯對禪宗之批評，深具時代特色，故略作引申。

慧日之《略諸經論念佛法門往生淨土集》，原本三卷，初卷敘禪徒之異見，以教及理遮遣其非。第二卷廣引聖教成立淨土念佛之正宗。第三卷會釋諸教古今之疑滯，校量諸行出離之遲疾。所謂先摧邪難，後顯正宗。然近代發現唯有上卷一卷，為大藏所收，故讀者所見，全是對禪徒異見之討伐。

慧日之抨擊禪徒，集中在一個「空」字，開卷便點出「看淨」（此乃東山門下北宗家法），批評其「空」。

> 有一類男女道俗，於彼淨土，都不信有，但令心淨，此間即是，何處別有淨土。

> 一切諸法，猶如龜毛，亦如兔角，本無有體，誰當生滅？無善可修，無惡可斷……但令內心住於空中，知世虛妄，

> 萬海都無……此即是佛，已證禪定，已斷生死，不受後
> 有……。即此禪定是無為法，是可修法，是速疾法，是
> 出離因，除此之外，悉皆虛妄。即如念佛誦經，求生淨
> 土，布施，持戒，忍辱，精進乃至智慧，寫經造像，建
> 立塔廟，恭敬禮拜，孝養父母，奉事師長等；悉皆著相
> 分別。

慧日批評禪徒一切皆空，最後連佛法最基本的布施持戒、
造寺寫經也「空」掉了。但是否真能一切皆空呢？

> 口雖說空，行在有中；以法訓人，即言萬事皆空，及至
> 自身，一切皆有。

這種修行，能有結果？慧日說，所謂「證」，須有通(有
漏五通，無漏六通)。 但是「自禪門東流，未曾聞有證五通
者」。

雖然一書的三分之一全卷批評禪宗，但慧日的態度還是
比較平和，一是他只是列舉看法，沒有點名；二是他還是主
張律教禪三家並重。據宋元照《芝園集》卷下〈論慈愍三藏
文集書〉：

> 律是佛所制，教是佛所說，禪是佛所示，此三皆出於佛，
> 學佛不可滯於一端。即威儀軌度，持犯開遮皆是律，不
> 學自然不能明；權實偏圓，觀行因果皆是教：不學自然
> 不能辨。識心達本，忘筌離相皆是禪，不學自然不能悟。

> 然古今學者有黨宗之弊，謂了心見性何假修行，以放蕩
> 為通方，嗤持守為執相，殘毀正教，瞖固來蒙；慈愍三
> 藏文集於是乎作。

由此可見，慧日不但主張禪淨雙修，亦說禪、教、律並行，開禪淨雙修之先河。故有淨土史家把慧日與廬山慧遠、善導並列，為淨土三大流派之一。

創五會念佛法門的法照，則專批禪宗「不立文字」之說。法照以念佛三昧為無上深妙之禪門，極力彈指禪徒不拜佛，不立文字，以音聲語言是執相，自捨萬善諸行而住於空見。

法照先引經文，以申佛事不離語言文字之道。如〈法事儀讚序〉云：「念佛三昧是真無上深妙禪門。彌陀法王四十八願，以名號為佛事。」又《華嚴經》說：「一切諸佛無上菩提皆不離念佛念法念僧而生。」《法華》、《維摩》等經亦說以音聲，語言作佛事。

接著羅列禪徒邪見：當今學者斥佛之像容為有相，貶佛之經教為文字，唯說無色捨真色，唯論無聲厭梵聲。

法照很聰明地按《金剛般若經》「所言法相者，如來說即非法相，是名法相」之邏輯，發揮道：念則無念，不二之門，聲即無聲，是第一義，終日念佛恆順真性，終日願生，常愜妙理。若能如此發心，成佛不難！

最後他借《觀佛三昧經》中佛對父王之說，警告禪徒：若離念求無念，離生求無生，離相好求法身，離文字求解脫，是住斷滅見，謗佛毀經，成破法之惡業，墮無間地獄。

飛錫的《念佛三昧寶王論》則發揮中國佛教最為注重的

中道觀,重新詮釋禪宗的名題,達到宣傳淨土的目的。

禪宗中人非議淨土說:於此世念他力佛,生他方世界,執著有為虛偽之相,不合無為真實之旨。飛錫答曰:一切有為即是無為,一切內外即非內外,於有不是實有,於無不是實無。有為是虛,捨之而道業不成;無為是實,取之則智慧不朗。所以經中說:厭離有為功德是為魔業,樂著無為功德亦為魔業。

又禪宗中人說:是心是佛,是心作佛。何用遠念他方之彌陀,遙求西方之極樂?飛錫說:此亦為大謬見。正由念佛,彼佛即由心想生而名是心是佛。若不念佛,不名是心是佛。《般舟三昧經》云:起想即痴,無想即涅槃,但此是約觀空三昧經之深義說,非以惡取空為無想。

飛錫由此得以重新詮釋禪宗的命題:《楞伽》、《密嚴經》云:寧起有見如須彌,不起空見如芥子;誡住空見,撥無因果,誹謗念佛墮阿鼻獄。妄想應除,真想不廢。如水能覆舟,亦能載舟。迷是眾生,悟是佛,皆是想所作。即想有真妄,不可徒執無想而斥真想。

大行門人道鏡、善道共集的《念佛鏡》, 專列「第十釋眾疑惑門」分別對三階門、彌勒門、坐禪門、講說門、戒律門、六度門展開討論。分別就難易、遲速、功德多少、虛實一一對比。其中對坐禪門的批評:

問:念阿彌陀佛,何如坐禪看心,作無生觀?

答:念阿彌陀佛往生淨土,速成佛果,勝於無生觀門百千萬倍……《法華經》云:「大通智勝佛,大劫坐道場,

佛法不現前，不得成佛道。」不現前者，即是無生，既
是十劫不得成佛，故知成佛遲。如念佛遲則七日，疾則
一日，速生淨土，即是八地以上菩薩，何以故？乘佛願
力故。

問：念佛往生，得何果報？無生觀成，得何果報？二種
何者為勝？
答：念佛往生，得三十二相，具六神通，長生不老，超
過三界……無生觀成，生長壽天，經八萬大劫，還墮惡
道；無生觀萬中無一得成就者，為不時宜；假令得成生
長壽天，不出三界。

問曰：准無生觀，唯遣看心，其心為赤為白為青為黃，
觀者為當成不成？
答曰：無生看心，非青非白非赤初黃，亦不言成不成。
心不相貌，復無成就，虛費功夫，徒勞何益！難云：看
心之時，即得成佛者；看衣即得暖，看食應得飽，看金
應得寶用，看心之時亦得道者；看衣不著不廢寒，看心
之時亦不得果。

不管其理由是否充足，「無生」、「看心」，乃是禪宗東山門下
所共奉之法門。而今《念佛鏡》第一個公開點名批評之，其
象徵意義，遠勝其具體所說。
　　上述種種對禪宗的批評，值得注意的共同點在於：他們
並不否定禪宗，只是批評禪宗宗風中「走極端」的部分，特

別是集中於對禪宗否定念佛法門之反擊。其基調是禪宗對傳統佛法否定過頭，得了「空」病「虛」疾，唯有以淨土念佛之「實」以救之，方有真正的佛法。

中晚唐淨土大德的這種立場，很客觀地反映了當時中國佛教舞臺上禪淨二宗地位和力量的對比。所以，一旦禪宗發現自己走得太遠，激流勇退，回歸傳統時，淨土所開的藥方現成就在，一拍即合，禪淨合一的歷史潮流緣此開端。

第五章 禪淨合一的先驅

第一節 圭峰宗密——重立經典 之權威

在淨土宗史中，圭峰宗密一向不太被重視。因圭峰為華嚴五祖，又是禪宗荷澤嫡傳，與淨土並無宗脈關係。他雖著作等身，但直接宣揚淨土者卻幾近於無。唯在《普賢行願品疏鈔》第四中，提到四種念佛，由低到高是：稱名念、觀像念、觀想念、實相念，前二為淺行，後二為深行，以實相念佛為最妙。在當時稱名念佛蔚為大國的情況下，宗密所書只能說是為釋經而注疏，絕無特別宣揚淨土之意。又在同鈔第六中，有淨土分類之文字，取新譯家常寂光土、常受用土、常變化土三種土之說，亦是常識性的介紹而已。要之，因華嚴經中凡講到普賢行願，必涉及彌陀淨土，故圭峰上述文字，根本談不上特別著意淨土。說淨土者提及宗密，實是因為大師名頭太響。

但是，若從禪淨合一的角度看，圭峰宗密卻是一非常關鍵的人物。禪宗由不可一世、否定一切的「教外別傳」，回歸於持戒禮佛、坐禪讀經之傳統，其轉折，起於圭峰宗密。

這兒，作為對前文描述禪宗宗風宗旨發生之必然性的論

述的補充，有必要集中談談禪宗的一個與生俱來的矛盾以及它對禪宗發展的負面影響。

追求宇宙人生的真諦，乃是所有宗教和哲學的天然使命。而把以人類認識形態存在的「真諦」（即主觀的「真知」）與本體性的「真諦」（哲學家稱之為「客觀真理」、「道」；神學家的「上帝」；佛教的「第一義諦」）區分開來，把後者置於前者之上，而視之為唯一追求目標，乃是南中國文化 ── 魏晉玄學 ── 達摩禪 ── 曹溪禪一脈相承的特色。而當南禪五家把這一特色推到極端，作為「教外別傳」之宗門標幟的家徽時，他們陷入了一個不可解脫的矛盾之中 ── 如何證明！

真理的標準，就源泉而言，是自我設立的。不同時代、不同文化、不同信仰的人們有著絕然不同的真理觀，即是真理（之內容）自我確立的強證。但真理的存在形式，從而真理的運作、證明、把握，則必須是他在的、客觀的、人人能具體對照的。人們首先把自己對宇宙人生之真諦的體會信仰化，這就是真理的內容 ── 真、善、美；然後又把自己的信仰對象化，於是就有了客觀的、可見可行的真理標準 ── 人類有史以來的任何真理標準，都是以信仰對象為客體的理性描述，亦即信仰對象屬性的理論歸納 ── 基督教的真理觀，即是對上帝德性的總結；中國儒家的真理觀，即是對天道的總結；佛教的真理觀，即是對佛性的總結。特定時代文化的人們，就是以具體的價值（觀念）體系去衡量自己和他人的行為，凡附合的，就是真的、善的、美；反之，則是假的、醜的、惡的。這是一面巨大的鏡子，妍來顯妍，醜來顯醜，人人平等；這是社會的最高原則，不容懷疑，無可爭辯，人

人服從；這就是社會生活統一性的根本理由❶。

而今南禪把一切外在的權威悉數推倒，全部銷歸自性——不立文字、不讀經、不禮佛、不說破，他們實際上是要掃除那客觀外在的、可見可行的真理標準——載於佛經、行於傳統。他們認為，真理既然是自我設立的，那也只能自我證明，這是一種體證，「魚兒飲水，冷暖自知」，任何人也無法參予，無法代替。自我肯定的結果，禪師的自信心、原創性是得到了最大限度的鼓勵，但他們卻必不可免地失去了——統一性。

當你一腳踢倒瓶子時是體悟了佛法大義，為什麼我扔掉钁頭就不是成佛境界？憑什麼說你看見紅日西沉所悟，就比我看見涉水倒影所見更高明？當我豎起一根手指時，你說我是假冒作家，要砍掉它，但很多人卻因之大悟，滿載而歸，到底這根手指該有還是該無？趙州和尚今天說「金佛不度爐，木佛不度火，泥佛不度水，真佛內裏坐」，明天答人問「如何是佛」時，卻再三說「殿裏底」。他可以長袖善舞，左右逢源，為什麼我不可以翻手為雲、覆手為雨？結論：只要自己肯定，誰也插不進半句閒話！

當達摩禪倡宗說俱通時，東山禪尚定慧雙修時（一面是「密來自呈，當理與法」，一面是以坐為禪，非坐不可），甚至曹溪禪創定慧合一時，那外在的、對象化的、可見可行的真理標準還沒有被徹底推翻，只不過為了更強調佛境的內在體悟，把天賦的、人人可以執行的真理評判職能，限制到僧團內部少數高僧中間。這種折衷的立場，加上早期禪宗面對

❶　參閱拙作《信仰論》，一章二節。

的強大外在壓力，統一性失落的矛盾，沒有到暴發的程度。但問題的存在，是早已有跡可尋。

四祖道信傳法於弘忍，已不太平：

《續高僧傳》：眾人曰：「和尚（道信）可不付囑耶？」曰：「生來付囑不少。」

《傳法寶記》：眾人知將化畢，遂談究鋒起，爭希法嗣。及問將傳付，信喟然久之曰：「弘忍差可耳！」

五祖弘忍付法於慧能，更加驚險，《壇經》中明明慧能之偈明心見性，弘忍卻不敢公開承認，把偈語擦去，說沒什麼了不起。而後又打暗號、猜啞謎，半夜偷偷付法。不待天明，即遣慧能下山，緊接著群人追趕；以至慧能於獵人隊伍中避難，隱遁五年（一說十五年）之久。直到慧能於曹溪重開法門之後，還是麻煩不斷。《壇經》中有人偷袈裟的記錄，神會《南宗定是非論》更說：「因此袈裟，南非僧俗極甚紛紜，常有刀棒相向。」

除了名利的貪欲所趨之外，禪宗立宗的內在矛盾，實是造成紛爭的重要原因。當公開平等的真理標準變為祖師個人的印證時，他必然被捲入爭鬥之中而左右為難。當僧團中「一代一人」，宗祖的地位穩如泰山時，統一性失落的問題便表現為僧團內部的上下爭奪。

六祖以後，一面是禪宗的勃興，風行全國；一面是「教外別傳」的宗旨完全成熟；統一性失落的矛盾，開始漸漸尖

銳。「一代一人」的局面真正被「分頭並宏」所取代。從神會北伐，與神秀門下鬥爭正統，南北對峙開始，到禪分五家，門派林立，凌駕於一切之上，絕對權威的宗祖沒有了。只要有一個山頭，只要有一有力的護法，只要有相當的機緣，任何禪師都可以開一宗立一派。這時，統一性失落的問題，終於與名位權勢的爭奪劃清界線，純粹地表現為教理、宗旨、宗風的危機。

危機的表現，即在於禪宗創造性的萎縮，日益模式化。

本來，禪宗是最講究即性發揮、最非模式化。但隨著其僧團的成立擴大，模式化的傾向也就不可避免，最早東山門下以坐為禪和看心看淨的模式傾向，遭到曹溪門下荷澤、洪州、石頭諸宗的嚴厲批評。但曾幾何時，曹溪所傳的「五家禪」中，不約而同地出現了模式化的傾向。如果說溈仰宗的圓相、臨濟宗的棒喝和法眼宗以華嚴六相義說「三界唯心，萬法唯識」都是模式化傾向的萌芽的話，那麼臨濟宗的「四料簡」、「四賓主」、「四照用」、「三玄」、「三要」；雲門宗的「三句」；曹洞宗的「五位君臣」，則絕對是僧團中接引學人、證明悟境的成熟模式！引人深思的是：這些模式化傾向，居然成為後人闡述區別五家門風的首選內容，此中消息，意味深長。發明這些模式的人，都是五家禪的開創者，他們都是些深諳禪宗之血肉骨髓的大德，何以冒「知解宗徒」之大不諱，去立那些「末了之名相」？請看他們的理由：

臨濟義玄：

前廊下也喝，後架裏也喝……盲目亂喝。❷

雲門文偃：

沒有三個兩個狂學多聞，記持話路，到處覓相似語句，印可老宿，輕忽上流。

便是屎上青蠅相似，鬥接將去，三個五個，聚頭商量，苦卻兄弟。

一期聞人說著，便生疑心。問佛問法，問向上向下，求覓解會，轉沒交涉。❸

為了鑒別真偽，他們不得不這樣做。

現象上是山頭越來越多，模式越來越僵化，印證越來越莫名其妙，實質根子即是一個——只要是人，只要還是生存於社會之中，你就必需要有統一的、外在客觀的、人人可見可行的真理評判標準。在佛教，這標準就是佛說、就是經典。禪宗企圖推翻這一權威，若是半真半假，從窗扔出去，又從後門撿回來，還可混得下去；若是真的徹底蠻干，則必然陷入不可解脫的矛盾之中。

上述禪宗這一危機的暴露，是在五代以後。但是，接下去的史實是：危機並沒有真正爆發，就因為禪宗的自身調節

---

❷ 普濟《五燈會元》卷11，臨濟義玄禪師。

❸ 普濟《五燈會元》卷15，雲門文偃禪師。

而煙消雲散。而第一個揭示危機、並開出藥方，啟動禪宗自身調節機制者，即是圭峰宗密。

宗密生於唐建中元年 (780)，俗家姓何，果州西充縣人。初從遂州圓禪師出家，後為上都華嚴澄觀之門人。澄觀為華嚴四祖，而遂禪師是荷澤神會四傳弟子，故宗密既是華嚴四祖，又為荷澤嫡傳，被推為達摩第十一世。大師一身，著作等身，計九十餘卷（《宋僧傳》謂有二百餘卷），如《金剛經疏論纂要》、《華嚴經行願品別行疏鈔》、《注華嚴法界觀門》、《圓覺經大疏》、《圓覺經大疏釋義鈔》、《四覺經略疏》、《華嚴原人論》、《禪源諸詮集都序》、《禪門師資承襲圖》等，都是中國佛學史、中國哲學史上的經典之作。而對唐宋以後中國佛學大勢影響最鉅者，當是宗密集《禪藏》而都序之舉。（有學者曾懷疑《禪藏》本無，今人冉雲華教授考之甚詳，堪稱定論。有興趣者可參閱《東初智慧海叢刊》第十八，冉教授著《中國佛教研究論集》。）

《禪藏》已佚，甚是可惜，但即是單讀圭峰之《禪源諸詮集都序》，還是可窺見大師之卓識。彼於禪門重開風氣之功，無人可及。

《集都序》四卷，開首便是宗密集《禪藏》之苦心：從當年「頓漸門下相見如仇讎，南北宗中相敵為楚漢」，「南能非秀，水火之嫌；荷澤洪州，參商之隙」始，到如今——

> 諸宗門下通少局多，故數十年來師法益壞。以承稟為戶牖，各自開張。以經論為干戈，互相攻擊。情隨函矢而遷變，法逐人我以高低。是非紛拏，莫能辨析。則向者

世尊菩薩諸方教宗，適足以起諍後人，增煩惱病，何利
益之有哉！

直是一代不如一代，「圭峰大師，久而嘆曰：吾丁此時，
不可以默矣！」宗密不得不拍案而起，挽狂瀾於既倒。

但是，因緣時機之差，眾生根機之異，佛開八萬四千方
便法門，乃是佛家成說。為何在同一序中，對前代的宗派分
化極其盛贊：「自如來現世，隨機立教。菩薩間生，據病指
藥。故一代時教，開深淺之三門；一真淨心，演性相之別法。
馬、龍二士，皆弘調御之說，而空性異宗。能、秀二師，俱
傳達摩之心，而頓漸殊稟。」偏偏對後代的禪門宗派如此抨
擊？

宗密的理由是達摩禪法過於高峻，曲高和則寡，高處不
勝寒，「唯達摩所傳者，頓同佛體，迥異諸門。故宗習者難
得其旨，得即成聖，疾證菩提；失即成邪，速入塗炭」。那
麼這「失即成邪」之「失」在何處呢？大師一語中的，直指
病根 ──「今集所述殆且百家，宗義別者猶將十室……悉非
邪僻，但緣各皆黨己為是，斥彼為非」。宗密集《禪藏》的
目的便在於此：不同的見解修為，本屬正常，絕非壞事；問
題在於人人自以為是 ──沒有一個統一的評判標准！所以必
須和會各宗，以期「一代善巧，俱成要妙法門，各立其情，
同歸智海」。《禪藏》的主旨由此托出 ──重立經論的權威！

遙想當年，禪宗聲勢如日中天；「不立文字，以心傳心」
之口號，已爛熟於人心，儼然唯一佛法。宗密身為荷澤後裔，
挺身而出，推原佛道，石破天驚之勢，絕非輕而易舉。故圭

峰使混身力，展廣長舌，立「十所以」，力辯「今習禪詮，
何關經論」之詰——

> 羅千界即渀蕩難依，就一方即指的易用也。然又非直資
> 忘言之門，亦兼重禪教之益，非但令意符於佛，亦欲使
> 文合於經。既文似乖而令合實，為不易須判一藏經大小
> 乘權實理了義不了義，方可印定諸宗禪門各有旨趣，不
> 乖佛意也。

宗密之「十所以」，立論有十——「一、師有本末憑本印
末故。二、禪有諸宗互相違阻故。三、經如繩墨楷定邪正故。
四、經有權實須依了義故。五、量有三種勘契須同故。六、
疑有多般須俱通決故。七、法義不同善須辨識故。八、心通
性相名同義別故。九、悟修頓漸義似違反故。十、師授方便
須識藥病故。」——立意唯一：「既不依經，即是邪道」！摘其
要者羅列於下：

> 經是佛語，禪是佛意，諸佛心口必不相違。

> 達摩受法天竺，躬至中華，見此方學人，多未得法，唯
> 以名數為解，事相為行。欲令知月不在指，法是我心，
> 故但以心傳心，不立文字。顯宗破執，故有斯言，非離
> 文字說解脫也。故教授得意之者，即頻讚金剛楞伽云：
> 「此二經是我心要。」今時弟子，彼此迷源，修心者以
> 經論為別宗，講說者以禪門為別法。聞談因果修證，便

推屬經論之家，不知修證正是禪門之本事。聞說即心即佛，便推屬胸襟之禪，不知心佛正是經論之本意。

以法就人即難，以人就法即易。

經如繩墨，拭定邪正者。繩墨非巧，工巧者必以繩墨為憑。經論非禪，傳禪者必以經論為準。中下根者但可依師，師自觀根隨分指援。上根之輩悟須圓通，未究佛言，何同佛見？

西域諸賢所解法義，皆以三量為定：一比量，二現量，三佛言量⋯⋯佛言量者，以諸經為定也。勘契須同者，若但憑佛語不自比度證悟自心者，只是泛信，於己未益。若但取現量自見為定，不勘佛語，焉知邪正？⋯⋯禪宗已多有現比二量，今更以經論印之，則三量備矣。

經是佛語，禪是僧意，違佛遵僧，竊疑未可。❹

通篇上下，大聲疾呼。但人類歷史的通例，凡藝術、哲學、宗教的天才、先知先覺者，往往因為超越現實太過，故彼生前往往是寂寞的。圭峰宗密生前，於一般眼光看之，「寂寞」兩字似乎沾不上邊——他身為華嚴、禪兩宗法子，開法於終南山，門庭出入，皆是一時權貴、高僧大德，唐文宗太和二年 (828)，更得敕賜紫方袍之譽，為僧若此，更復何求！

❹ 以上均見宗密《禪源諸詮集都序》，卷1。(《大正藏》2015)

不過，再深一層思考，宗密逝於會昌元年(841)，四年後，唐武宗滅法，即有名的「會昌法難」。 而禪宗正是於「會昌法難」之後，方真正遍及全國，成為中國佛學舞臺的唯一主流的。禪門那「不立文字」的宗旨宗風，在宗密集《禪藏》、寫《禪源諸詮集都序》之後數百年間，不但沒有改變，反而行之更甚；而《禪藏》卻下落不明，成為千古之謎。由此觀之，大師不可謂不寂寞也！

歷史無情，但也因此是最公正的。宗密之卓見，最後終於被「發現」、 被承認，成為佛門主流。有史為證：至元九年(1272)元始祖召見從倫西菴等八位禪師，詢問有關禪宗的教理問題。對於皇上的垂問，八位禪僧不約而同地依據《集都序》一一予以回答，不但是不懂佛道的皇帝全心信服，連當時在座的帝師、於佛法深有研究的八思巴也深表贊同，結果龍心大悅，下令印行《禪源諸詮集都序》，召示天下。

這是一個標誌：禪宗很幸運，有賴宗密預見到它那天生的隱疾，早早地開出藥方藏於金匱。時機一到，它就現成取出，自我調節，避免了「吾宗喪矣」(南陽慧忠語)的悲劇。

重讀大師《集都序》， 他並沒有直接地提出禪淨合一的主張，相反，他對當時流行的念佛法門也有所批評：

> 至於念佛求生淨土，亦須修十六觀禪，及念佛三昧、般舟三昧。

宗密以復古為革命，其立場是相當「正統」， 甚至有點「迂」。 然而，禪之病，積重難返，須得猛藥。唯有重立經

典之權威，方能清除種種時弊；而從更廣大的歷史背景看來，禪淨合一的潮流，即因此獲得源泉和方向。正因如此，我們視圭峰宗密為禪淨合一史上之一大重鎮。

第二節　永明延壽──一心為宗，萬善同歸

說禪淨合一，永明延壽歷來是最重要的一位，然而也是最被曲解的一位。

延壽為六祖慧能傳下第十一代：慧能二傳至石頭希遷開石頭宗；又四傳雪峰義存，下衍雲門、法眼二宗；法眼宗創宗者清涼文益 (885–958) 係義存三傳弟子，永明延壽即其再傳。

按，時至唐末，「南禪五家」把禪宗聲勢推至登峰造極，五家禪「唯我獨得如來心法」之氣焰，當然也一個高過一個。唯法眼宗的清涼文益出了個「例外」而非常地「顯目」──法眼宗之創宗，居然現成扶取華嚴宗說！文益以「華嚴六相義」說明「三界唯心，萬法唯識」，得出一切現成和理事圓融的結論。

所謂「三界唯心，萬法唯識」是華嚴宗的「一真法界緣起」（又稱華嚴「性起」），「一真法界」即是心，心是宇宙的實相，萬法是心的現象。如何證明呢？則有「華嚴六相說」：萬法皆有六相，而六相正是心之「性起」（本性顯現），所以「一即一切，一切即一」。 上述說法乃是華嚴初祖帝心杜順 (557–640)、二祖雲華智儼、及三祖賢首法藏數代人的發明，

是華嚴宗的旗幟。當然，文益並沒有「易幟」歸順華嚴，他之說心識、理事、總別、同異、成壞等，恐與《壇經》中慧能臨終囑付之「對法」意趣相通，所以真正成為法眼宗之旗幟的，乃是一個「心」字。

抓住這一宗門特色，去理解永明延壽，才不致犯下「過猶不及」的毛病！

從來說永明延壽，都載以「禪淨雙修」之桂冠。傳延壽三十歲時上天台山天柱峰參法眼宗大師天台德韶，即得契悟。後因夢感，於國清寺智者禪院作二闍，一曰「一生禪定」，一曰「誦經萬善莊嚴淨土」，拈七次皆得後者，於是專修淨業。吳越忠懿王因之而為其造西方香巖寺。動人的故事，加上那赫赫有名的「四料簡」， 於是乎，禪淨雙修成了延壽《宗鏡錄》、《萬善同歸集》、《唯心訣》的唯一主旨，而倡「唯心淨土」則成了延壽一生最大功績。

謬矣！誤矣！這頂桂冠，對永明而言，給得太窄，給得太早！

延壽之《宗鏡錄》，洋洋一百卷，但其主旨，其「自序」中說得清清楚楚：「舉一心為宗，照萬法如鏡」。吳越王錢俶之序，更稱該書為《心鏡錄》：「心鏡錄者，智覺禪師所撰也。」《萬善同歸集》中，亦明文拈出：「問：所修萬善，以何為根本乎？答：以心為本。」

所以，首先，延壽的立論，絕對是站在禪宗的立場上，認禪宗為不二法門，以禪宗之「心」去融會全體佛法。

請看彼於《宗鏡錄》開卷第一句話：「祖標禪理，傳默契之正宗；佛演教門，立詮下之大旨。則前賢所稟，後學有

歸，是以先立宗章。」 檢看全文，凡與此宗章有關之文字，都是「出語成雙」——一關宗門，一照教門，禪宗所本，絕對是佛法之真諦！這種自信，在其自序中一而再，再而三：

> 曹溪一味之旨，鵠林不二之宗。

> 因指見月，得免忘罢；抱一冥宗，捨詮撿理；了萬物由我，明妙覺在身。可謂搜抉玄根，磨礱理窟；剔禪宗之骨髓，標教網之紀綱。餘惑微瑕，應手圓淨，玄宗妙旨，舉意全彰。

後北宋楊傑於元祐六年(1092)為《宗鏡錄》作重版序說：「以佛為鑒……知戒定慧為諸善之宗……以眾生為鑒……則知貪瞋癡為諸惡之宗……返鑒其心，則知靈明湛寂，廣大融通，無為無德，無修無證，無塵可染，無垢可磨，為一切諸法之宗矣。」可謂知音。

但是，第二，延壽並不認為時下流行的禪宗各派都是得到了「曹溪一味之旨」， 如圭峰宗密一樣，他對當時宗門之內「罔識正宗，多執是非，紛然諍競，皆不了祖佛密意」的情況心憂如焚。如果說宗密的功績在於重立經典的權威，那麼延壽則是沿著宗密的足跡再向前跨了一大步——他要求去行！所以，不是狹窄的「禪淨合一」， 而是更大範圍的「教禪合一」；不是單一地提倡「唯心淨土」，而是更廣泛的號召「萬善同歸」。 這才是延壽著作的主題和核心！也是延壽一生的功績所在！

如前節所述，宗密的時候，禪宗分枝已有百家之多。百年之後，到延壽之時，禪宗勃興，門派之多，更是數不勝數，《萬善同歸集》中「略標」邪見，就有一百二十種之多。邪在何處？歸根結蒂，毛病還是出在同一根子上——絕對的內省自證，沒有一個統一的、外在的真理標準。被稱為「禪徒」的那幫人，假冒悟境的不肖之徒不說，餘下的也是非僵即狂。所以延壽的藥方：真正的「禪宗之骨髓」， 也就是「教網之紀綱」， 傳諸佛祖，載於經典，見於僧行。欲得般若者，修行六度為唯一正道；已達化境者，修行六度更是唯一的證明和必然的體現。因此，萬善即禪，禪即萬善。所以「萬善同歸」，而非「禪歸於淨」。

《萬善同歸集》三卷，延壽設一百零九問答，以理事合一為理論武器，竭力提倡教禪合一、回歸傳統，以期造就篤履踐行、信解可證的新禪風。延壽此旨，涵蓋全局，氣魄恢宏，堪稱繼往開來。

誠然，延壽對淨土宗之念佛法門，全力擁戴。《萬善同歸集》中凡五見：

一、卷上第十三問（按，原文問答並無編號，序數是筆者所加）——

問：經云：觀身實相，觀佛亦然，一念不生，天真朗然。何得唱他佛號，廣誦餘經？……

答：……且如課念尊號，教有明文，唱一聲而罪滅塵沙，具十念而形棲淨土。既契之後，心佛雙亡；雙亡定

也，雙照慧也；定慧既均，亦何心而不佛，何佛而
不心。心佛既然，則萬境萬緣，無非三昧也，詎復
患之，於起心動念高聲稱佛哉！

二、卷上第二十七問——

問：唯心淨土，周遍十方，何得託質蓮臺寄形安養，而
　　與取捨之念，豈達無生之門？欣厭情生，何成平等？
答：……又平等之門，無生之旨，雖即仰教生信，並乃
　　力量未充，觀淺心浮，境強習重，須生佛國以仗勝
　　緣，忍力易成速行菩薩道……

三、卷上第二十九問——

問：一生習惡積累因深，如何臨終十念頓遣？
答：……是垂死時心，決定勇健故……真金一兩，勝百
　　兩之疊華；爝火微光，熱萬仞之草。

四、卷上第三十問——

問：心外無法，佛不去來，何有見佛及來迎之事？
答：唯心念佛，以唯心觀，遍該萬法，既了境唯心，了
　　心即佛，故隨所念無非佛也……心佛兩亡，而不無
　　妄相，則不壞心佛。空有無閡，即無去來，不妨普
　　見。見即無見，常默中道，是以佛實不來，心亦不

去，感應道交……

五、卷上第三十一問——

問：龐居士云：事上說佛國，此去十萬里，大海沙無邊，動即黑風起，往者雖千萬，達者無一二，忽遇本來人，不在因緣裏。如何會通而證往生？

答：若提宗考本，尚不說有佛有土，豈言達之不達乎？……若約事論故非一等，九品往生上下俱達……今古俱載，凡聖俱生，行相昭然，明證目驗……

若單獨引此五條，確能給人強烈印象——永明延壽之鼓吹禪淨合一，不遺餘力！（明清以還，這樣做的人一而再、再而三。）但若綜觀延壽思想全體，就會持不同見解——此不過是延壽所鼓吹的「萬善同歸」之一部分而已！

在《萬善同歸集》之一百零九問中，除了從理行、權實、真俗、性相、體用、空有、正助、同異、修性、因果等十法門入手，立圓修真義之外，具體的萬善眾行，絕非只提淨土一門。不必長篇引文，只要羅列名目，即能窺得全豹。

卷上第十五，問何必唱誦。

卷上第十七，問何必禮拜。

卷上第二十三，問何必持戒。

卷上第二十四，問何必懺悔。

卷上第二十五，問何必滅罪。

卷中第一，問何必燃指燒身。

卷中第二，問何必捨身投巖。

卷中第三，問何必布施。

卷中第十三，問何必坐禪。

卷中第十五，問何必讀經。

卷中第十六，問何必求善知識。

卷中第十七，問何必說法。

卷中第二十三，問何必度眾生。

卷中第二十五，問何必發心。

卷中第二十六，問何必供佛。

卷下第十六，問儒道釋三教高下。

卷下第三十三，問在家菩薩如何修行。

由此可見，延壽之立論，禪是單獨的一極，教是另一極，淨土僅是「教」中的一分子；且即使是教，與禪的地位也不是完全平等的，請看延壽自己的說明：

夫萬善是菩薩入聖之資糧，眾行乃諸佛助道之階漸，若有目而無足，豈到清涼之池？

禪是「目」，教是「足」，而淨土更是眾多之萬善中的一「足」。故說延壽倡禪淨合一，實在是失之於窄。

第三節　永明延壽的「四料簡」

　　讀者至此，肯定會有一大大疑問──延壽大師的「四料簡」簡單扼要、清楚明白，從來就是禪淨合一最響亮的口號。如這也不能算禪淨合一，那什麼才叫禪淨合一？

　　這確是個大問題，說永明延壽，「四料簡」是繞不過、避不開的。

　　　有禪無淨土，十人九蹉路，陰境若現前，瞥爾隨他去。
　　　無禪有淨土，萬修萬人去，但得見彌陀，何愁不開悟。
　　　有禪有淨土，猶如戴角虎，現世為人師，來世為佛祖。
　　　無禪無淨土，鐵床並銅柱，萬劫與千生，沒個人依怙。

　　或是不知天高地厚──我一直懷疑，數百年來，人們是怎樣讀此「四料簡」的？目不識丁的小腳老太太，把它當作「南無阿彌陀佛」一樣去念，應是情有可原。但眾多的高僧大德，文人學士，如果他們瀏覽過延壽大師的《宗鏡錄》、《萬善同歸集》，應當一眼就看出它們與「四料簡」味道不一樣。即使沒有空閒捧讀大師之鴻濛巨著，也應一念即知：「四料簡」之立論，絕不止於禪淨合一！說得不能再明確了──淨土之功，遠勝於禪！

　　因此，只要稍具考據知識者，就會懷疑這「四料簡」到底是否永明所說；就會想到是否需要考證一下，這「四料簡」到底是怎麼一回事。

　　我猜想肯定有人想到過這一點，但除了篤信淨土之信仰阻止他們去懷疑或正視他們的懷疑之外，還有一個很具體的技術上的困難——幾乎是公理，「四料簡」係永明延壽之法語；至於其出處，大多數人是避而不談，明洪武十四年(1381)獨菴道衍（即姚廣孝）編《淨土簡要錄》並賦《諸上善人詠》濫觴於先：「（永明延壽）有《宗鏡錄》一百卷行世，有四偈勸禪人兼修淨土」，行文含糊其事，但二者前後相連，頗會令人視為一事。至清僧濟能，於乾隆三十五年(1770)撰《角虎集》，則直言：「（永明延壽）為《宗鏡錄》一百卷，中有四料簡」——《宗鏡錄》一百卷，上百萬字，誰敢保證自己讀時沒有漏掉些什麼？人家白紙黑字，信誓旦旦；你找不到，是你的問題。我想，這大概是廬山煙雨浙江潮，雲霧彌漫直至今的原因所在吧？

　　筆者當年考及此題，便為此深感困擾。每有機會，向同行或法師請教，往往被「你的問題，我們不敢回答」或「你也搞不出結果，遑論我輩」之類的客氣話，將球傳回。到美國後，又曾匿名去信給美國和臺灣兩個專奉淨土的寺院，兩處的主持僧人都是當代有名的淨土大德，或許他們能告訴我，延壽大師之「四料簡」出於《宗鏡錄》第幾卷，或是另有出處。但是，也沒有回信。

　　於是乎，雖然憑自己的感覺和經驗，我相信自己的判斷不會錯——禪宗中人，最喜歡偽造、增益歷史，把自己的見解和創作，附會於某一名頭很大的祖師，藉以振作聲勢，推動宏傳。而今，輪到淨土中人以同樣的手法，來蠱惑禪宗的後人了——這「四料簡」是後人所造，安置於延壽大師名下，

以達到抬高淨土地位的目的。

　　我的部分理由前文已反覆提及：永明的佛教立場，從而《宗鏡錄》、《萬善同歸集》二書的主題，乃是教禪合一、萬善同歸，還沒有到單獨的禪淨合一階段，更不用說如「四料簡」中那淨高於禪的思想了。

　　更進一步的論據來自《宗鏡錄》自身。學者著書，在同一主題的燭照下，不應有違背主題的論點和內容，因而全書的內容應具同一性，不會有自相矛盾的情況。現在我在《宗鏡錄》中找到了與「四料簡」無法相容的材料：

　　《宗鏡錄》卷三十六，專講觀門。開卷立論：

> 夫觀門略有二種：一依禪宗及圓教，上上根人，直觀心性，不立能所，不作想念，定散俱觀，內外咸等，即無觀之觀，靈知寂照。二依觀門，觀心似現前境，雖權立假相，悉從心變。如《觀經》中，立日觀水觀等十六觀門；《上生經》中，觀兜率天宮彌勒內院等。

雖然承認淨土的地位，但卻是置於禪宗及圓教之下。直言之，淨土尚不夠圓教之資格。何能想像，同一書中，會出現如「有禪無淨土，十人九蹉路」之類的話？

　　《宗鏡錄》卷三十九，專講福罪報應：「夫宗鏡是實相法門，若信得何福？若毀得何罪？」設此問題，若是淨土中人，則三經一論，往生西方；臨終一念，金臺來迎……絕對是「得福」的現成答案！但延壽的回答：「故知若不信宗鏡中所說實相之理，則如勝意比丘，沒魂受裂地之大苦；若有

信如是說，則如文殊師利智慧演深法之妙辯。信毀交報因果無差，普勸後賢應深信受。」崇尚無相之智慧，顯然禪門嫡傳。延壽於此，引《大般若經》，提及「東方過十萬億佛土有國名寶莊嚴」，卻隻字不提西方淨土。如此立場，可能唱出「帶角虎」之高調？

《宗鏡錄》卷九十四至卷一百，乃是全書「後引真詮，成其圓信」的第三部分。「更引大乘經一百二十本，諸祖語一百二十本，賢聖集六十本，都三百本之微言，總一佛乘之真訓。可謂舉一字而攝無邊教海，立一理而收無盡真詮；一一標宗，同龍宮之遍覽；重重引證，若鷲嶺之親聞」。然而，一百二十本經中，與淨土有關者，唯《彌勒成佛經》；六十本集中，唯《天台無量壽佛疏》和《安樂集》入選。無論如何，延壽所「標」之「宗」，不會是淨土宗吧！

但是，就是因為缺乏考據上最重要的「本證」，我就一直不敢把自己的判斷作為一學術見解公諸於世。

然而，柳暗花明，因緣際會，問題居然解決了！

凡讀過拙著《禪宗六變》者，應都知道，我於九二年應哈佛大學燕京學社邀請以訪問學者身分赴美，九三年應沈家楨居士之邀，到紐約上州莊嚴寺內世界宗教研究院任客籍研究員，《禪宗六變》就是在那兒完成的。到九四年底，沈家楨居士發起把中文佛經輸入電腦，製作多媒體光碟之項目，我很榮幸地負責文字編輯工作。拜現代科技之賜，我終於得以肯定地說：《宗鏡錄》中沒有「四料簡」！

當我們把《宗鏡錄》輸入電腦之後，我迫不及待地馬上作全文檢索。因為怕《宗鏡錄》中的原文在長期的流傳中或

有改動，故我把「四料簡」拆開檢索，結果如下：

「有禪」——凡七見，皆與「四料簡」無關。

「無淨」——凡十六見，同上。

「無禪」——凡一見，同上。

「有淨」——凡十四見，同上。

「萬修」——無。

「蹉路」——無。

「錯路」——無。

「陰境」——無。

「瞥爾」——凡一見，與「四料簡」無關。

「戴角虎」——無。

「角虎」——無。

「虎」——凡二十三見，皆與「四料簡」無關。

「鐵床」——無。

「銅柱」——凡一見，與「四料簡」無關。

經如此檢索，現在可百分之百地下斷語——《宗鏡錄》中沒有「四料簡」。

緣此思路，我對有關材料作了進一步追跡，結果非常有趣：不僅是「四料簡」，還有那讓後人一再仿效的抓鬮故事，也是淨土後人增益——一部永明延壽事跡之「層累」史（顧頡剛先生有「古史層累說」），直可看作一部禪淨合一史的縮影。

有關永明延壽的傳記最早見於《宋高僧傳》。按大師生

於唐昭宗天復四年(904)，高壽七十二，圓寂於宋開寶八年(975)；而《宋高僧傳》作者贊寧生於五代後梁末帝貞元五年(919)，逝於宋真宗咸平四年(1001)，二人絕對同代。贊寧身為太祖敕封國師，無特殊的理由，絕不會對一隱於南方、一心向善的當代僧人任意貶褒，更不用說偽篡史說了，故贊寧所記，當為事實。

《宋僧傳》中延壽事跡於歷史上的延壽傳記具源頭意義，且全文不長，茲錄於下：

《宋高僧傳·卷二十八·興福篇》第九之三

釋延壽，姓王，本錢塘人也。兩浙有國，時為吏督納軍須。其性純直口無二言，誦徹《法華經》聲不輟響，屬翠微參公盛化，壽捨妻孥削髮登戒。嘗於臺嶺天柱峰九旬習定，有鳥類尺鷃巢棲於衣襆中。乃得韶禪師決擇所見，遷遁于雪竇山。除誨人外，瀑布前坐諷禪默。衣無繒纊，布襦卒歲。食無重味，野蔬斷中。漢南國王錢氏最所欽尚，請壽行方等懺，贖物類放生，汎愛慈柔。或非理相干，顏貌不動。誦《法華》計一萬三千許部。多勵信人營造塔像，自無貯畜。雅好詩道，著《萬善同歸》《宗鏡》等錄數千萬言，高麗國王覽其錄，遣使遺金線織成袈裟紫水精數珠金藻罐等。以開寶八年乙亥終于住持，春秋七十二，法臘三十七，葬于大慈山，樹亭誌焉。

此傳中要點：

一、師承——先從翠微參公出家，後得天台德韶印可。

二、修證——誦徹《法華》，專行六度。

三、駐錫——先天台天柱峰，後雪竇寺（在浙江溪口）。

四、護法——漢南國王錢氏。

既無抓鬮故事，也無「四料簡」，甚至沒有明文說他在永明開法。很清楚，贊寧此傳，沒有宗派色彩。但有一點令人不解，延壽為德韶門下，係禪宗重鎮，而《宋僧傳》分習禪、護法、感通、讀誦等十篇，延壽卻被安於〈興福〉篇中，不知何據？

當時與《宋僧傳》相呼應的，是道元撰於宋真宗景德三年(1004)的《景德傳燈錄》，此乃「禪宗本」延壽傳之源頭，故亦錄全文如下：

> 杭州慧日永明延壽智覺禪師，餘杭王氏子。總角之歲，歸心佛乘。既冠不茹葷，日唯一食。持《法華經》，七行俱下。纔六旬，悉能誦之，感群羊跪聽。年二十八，為華亭鎮將，屬翠巖參禪師遷止龍冊寺，大闡玄化。時吳越文穆王知師慕道，乃從其志，遂禮翠巖為師，執勞供眾，都忘身宰。衣不繒纊，食無重味。野蔬布襦，以遣朝夕。尋往天台山天柱峰，九旬習定，有鳥類斥鷃，巢一衣襇中。暨謁韶國師，一見而深器之，密授玄旨。仍謂師曰：「汝與元師有緣，他日大興佛事。」初住雪竇，上堂：「雪竇這裏，迅瀑千尋，不停纖粟。奇巖萬仞，無立足處。汝等諸人，向甚麼處進步？」僧問：「雪竇一

徑，如何履踐?」師曰：「步步寒華結，言言徹底冰。」師有偈曰：「孤猿叫落中巖月，野客吟殘半夜燈。此境此時誰得意？白雲深處坐禪僧。」忠懿王請開山靈隱新寺，明年遷永明大道場，眾盈二千。僧問：「如何是永明妙旨?」師曰：「更添香著。」曰：「謝師指示。」師曰：「且喜沒交涉。」僧禮拜，師曰：「聽取一偈：欲識永明旨，門前一湖水。日照光明生，風來波浪起。」問：「學人久在永明，為甚麼不會永明家風?」師曰：「不會處會取。」曰：「不會處如何會?」師曰：「牛胎生象子，碧海起紅塵。」問：「成佛成祖，亦出不得。六道輪迴，亦出不得。未審出甚麼處不得?」師曰：「出汝問處不得。」問：「教中道，一切諸佛及諸佛法，皆從此經出，如何是此經?」師曰：「長時轉不停，非義亦非聲。」曰：「如何受持?」師曰：「若欲受持者，應須著眼聽。」問：「如何是大圓鏡?」師曰：「破砂盆。」師居永明十五載，度弟子一千七百人。開寶七年入天台山度戒約萬餘人。常與七眾授菩薩戒，施夜鬼神食，朝放諸生類，不可稱筭。六時散華行道，餘力念《法華經》，計萬三千部。著《宗鏡錄》一百卷，詩偈賦詠凡千萬言，播于海外。高麗國王覽師言教，遣使齋書，敘弟子之禮。奉金線織成袈裟、紫水精珠、金澡罐等。彼國僧三十六人，皆承印記，前後歸本國，各化一方。開寶八年十二月示疾。越二日焚香告眾，跏趺而寂。塔于大慈山。

與《宋僧傳》相比，基本構架應是相同，最大的不同有

二：一是大師行跡交待詳於《宋僧傳》。先龍冊寺，後到天台天柱峰，再雪竇寺，接著為忠懿王請至靈隱寺，最後是永明大道場。第二是多了許多禪家機鋒。道元與延壽、贊寧也算是同代人，他撰《景德傳燈錄》時，離延壽涅槃方三十年，而贊寧圓寂更是僅四年前事，去古未遠，難以想像能肆意亂說，故《傳燈錄》與《宋僧傳》所記基本相同，多了禪語禪偈，乃是《燈錄》本色。鑒於上述理由，《燈錄》所載，寧信其真。值得注意的是：《燈錄》中也沒有抓鬮故事和「四料簡」。

自此以後，北宋時約百年之久，禪宗中人，那時當然沒有必要篡改延壽故事。而淨土中人，還都很規矩，沒敢對延壽大師任意著裝。舉其著者，如四明知禮（著有《觀經疏妙宗鈔》、《觀經融心解》等），慈雲尊者遵式（著有《往生淨土決疑行願二門》等），元照(1048–1116)（著有《觀無量壽經疏》、《芝園集》等），居士楊傑（官居禮部員外郎、兩浙提點刑獄，曾為《天台十疑論》、《直指淨土決疑集》、《萬善同歸集》等作序）等人宣揚淨土，不遺餘力，但他們的著作中，沒有一處提及過永明延壽抓鬮故事和「四料簡」——我想事實應是：當時這一切尚未造出。

此情勢一直維持到飛山戒珠於宋英宗治平元年(1064)撰淨土《往生傳》（此是迄今所見最早的往生傳記）時，尚未改變。戒珠之《往生傳》宗派色彩濃重，沒有收一個禪師入傳，當然談不上攀附延壽了。這也從一個側面證明了，當時淨土宗人尚未「盯上」延壽。

然而，到宋神宗元豐六年(1084)，王古撰《新修往生傳》

時，情況丕變。《新修往生傳》中收入了唯一的一個禪宗中人，即是永明延壽，但其「味道」，已經全然是淨土的了。此本為「淨土本」之源頭，照例也應全錄，但文字過長，且轉述亦能講清問題，故分析如下：

仔細研究，此「淨土本」之永明傳記，與其說是《宋僧傳》的增益，不如說是「禪宗本」的翻版。「禪宗本」是以《宋僧傳》為背景，禪家機鋒則是主題；《新修往生傳》則是在同樣的背景中安放了淨土行的主題——

一、禪觀中得觀音甘露灌口故事——「遂獲觀音辨才，下筆成文，盈卷乃已，志求西方淨土」。最後六個字雖然有「硬裝」之嫌，但卻是傳神之筆。

二、以前說延壽每天「瀑布前坐諷禪默」，現在變成了「日暮往別峰，行道念佛……夜靜四旁行人，聞山中螺唄天樂之聲……忠懿王歎曰：是故永西方者，未有如此」。

三、有僧人於陰間閻王殿前，見閻王永明畫像故事，號稱「自釋迦滅度已來，此方九品上上生，方第二人」。

這牛吹得不可不算大！但正是淨土勢力坐大之反映，後來凡淨土家之永明傳記，上述材料毫無疑問地收入，但這兒還未見抓鬮故事和「四料簡」，當時離延壽逝世正好一百一十年。

從此以後，禪淨兩家，各持己說，如並軌雙車，齊頭並進。其中禪家之說，數百年間無大變化，如成書於元至元年間（1290傾）的《佛祖歷代通載》，成書於元末明初（1370傾）的《釋氏稽古略》，甚至於蓮池袾宏(1535–1615)撰於明萬曆十二年(1584)的《往生集》，都基本照錄《景德傳燈錄》。

蓮池本人是鼓吹禪淨合一一大重鎮，但他畢竟是一嚴肅的學問僧，故他之撰《往生傳》，沒有隨波逐流，那些「查無實據」的東西，寧缺勿濫。

而淨土宗方面，在王古之《新修往生傳》半世紀後，南宋紹興十年(1140)王日休撰淨土宗第一本大型叢書《龍舒淨土文》時，情況一如既往。《淨土龍舒文》一共只收了二名禪師(本傳中有永明，宗賾見於附錄)，且永明事跡只寫了《新修往生傳》中的一、三兩項，而第二項之長篇大論，僅以「日課一百八事，精進以修西方」十二字代之。

直至南宋慶元六年(1200)，四明沙門石芝宗曉(1151–1214)編《樂邦文類》，淨土方面的說法有了突破性的發展——若以《新修往生傳》為底本對照，則《樂邦文類》拿掉了第三項閻王禮拜故事，增加了七次抓鬮故事。這是抓鬮故事最早出現，距延壽往生已整整二百二十五年！但「四料簡」還是沒有見到。

又是七十年過去，僧志磐於南宋咸淳五年（亦即元至元六年，公元1269）撰《佛祖統記》，還是只有抓鬮故事，而無「四料簡」。當然，《佛祖統記》是天台家語，或已跟不上淨土宗的「時代精神」。

追跡歷史的腳步，永明延壽之後，綿綿三百五十年，猶抱琵琶、千呼萬喚，「四料簡」總算出場了！元僧天如惟則撰《淨土或問》(惟則於元至正元年，公元1341年，於蘇州師子林開法，《或問》當作於此後)，此時永明延壽，儼然淨土宗祖架勢。短短一卷《淨土或問》，引永明言行凡五處。二引《萬善同歸集》，一說閻王禮拜故事，而最被重視的是「四

料簡」——一首一尾，佔盡風光。其開卷曰：

> 天如老人，方宴默於臥雲之室，有客排闥而入者，禪上
> 人也。因命坐之，坐久，夕陽在窗，篆煙將滅，客乃整
> 衣起立，從容而問曰：竊聞永明壽和尚，稟單傳之學於
> 天台韶國師，是為法眼的孫，匡徒於杭之淨慈，座下常
> 數千指。其機辯才智，雷厲風飛，海內禪林，推之為大
> 宗匠。奈何說禪之外，自修淨土之業，而且以教人。復
> 撰揀示西方等文，廣傳於世。及作四料揀偈，其略曰：
> 有禪無淨土，十人九蹉路；無禪有淨土，萬修萬人去。
> 看他此等語言，主張淨土，無少寬容。無乃自屈其禪，
> 而過讚淨土耶？此疑非小，師其為我辯之。

經惟則反覆辯論，《淨土或問》最後說：

> 此名淨土禪，亦名禪淨土也。然則永明所謂有禪有淨土，
> 猶如戴角虎，現世為人師，來生作佛祖，豈不驗於此哉！

這是我所見到最早的關於「四料簡」的文字，正因它剛
剛問世，所以才會引起「禪上人」的「非小」之疑。惟則則
為之委屈辯論。其實這兒主客雙方都是惟則一個人，作為一
個力倡淨土者，永明的身份和這精彩的「四料簡」，確實是
令他有「驀然回首」之驚喜；但作為一個禪宗中人，這「四
料簡」好像又太過分了——所以必須「辯之」，硬把它說成
是禪淨平等，禪淨合一。在惟則門人善遇所編的《天如惟則

禪師語錄》卷三之〈示西資會道友〉一文中，惟則的這一矛盾心理，表現得更為清楚。他一面贊同西資會修淨的立場，但另一面他絕不放棄自己禪師的地位和立場，故他稱他們為「道友」，特地聲明：永明之「四料簡」——

> 此豈自貶其禪耶？蓋隨機設化，或抑或揚，且使禪者知淨土之不必疑也。

賴天如惟則首倡之功（當然，惟則的個人立場，正是當時大勢之反映，若非如此，「四料簡」被如此之理解和接受，是不可想像的），這「四料簡」終於沒有引發禪淨之間的爭論，反而為禪宗中人欣然接受，得以廣泛流傳。

明洪武年間，獨菴道衍（姚廣孝）撰《諸上善人詠》（洪武十四年，公元1381）；大祐編《淨土指歸集》（洪武二十六年，公元1393）；妙葉撰《寶王三昧念佛直指》（洪武二十八年，公元1395），都把「四料簡」掛在永明延壽的名下，放在極為突出的地位，一句一句不厭其煩地解釋說明。從此以後，率成定論，無人敢疑，也無須再辯。

我對「四料簡」的考證追溯，暫止於此，我的結論是：

第一，「四料簡」非永明延壽所說，其最早的問世，是在元末明初。但是，在元普度(? −1330)所著之《蓮宗寶鑑》中，載有南宋初僧人慈照子元的四句話：「有行無願其行必孤，有願無行其願必虛，無行無願空住閻浮，有行有願直入無為。」雖然說的是淨土宗之行願相扶論，但我就有點懷疑其與「四料簡」會不會有「血緣關係」。可惜，子元其人，

因白蓮社的關係，其書不傳，只能付之闕然。

又，在延壽之《萬善同歸集》中，有二處「四句料簡」，都在卷下：一是說「圭峰禪師有四句料簡」，一是說「法華玄義四句料簡」，前者說頓漸，後者說報應，都非說淨修。但後人是否受此啟發而造延壽之「四料簡」，此就純屬聯想了。

第二，永明延壽所持，是「萬善同歸」，而非單純的「禪淨合一」。但他的「萬善同歸」之「心」，卻直接為「禪淨合一」提供了教理上的立足點，開啟了佛法新時代的大門。由此而言，延壽在「禪淨合一」史上，還是有其相當重要的地位。

佛教典籍，浩如煙海，以筆者個人一己之努力，絕不敢說「定論」二字，關於「四料簡」的考證，肯定還會有新的發現，我以滿腔之熱忱，以待來時，更希望有人批評指點。

第六章　禪淨合一之大勢

第一節　禪淨合一的內在依據

　　宋明以還，禪淨合一成為中國佛學舞臺的主流。對此歷史的描述，恰似宋人范仲淹說洞庭勝景——「前人之述備矣」。如日人望月信亨教授著《中國淨土教理史》，一家一派，著作思想，可稱巨細無漏。故本書之旨，不在重複前人已做過之事。且羅列古人，祇有史料學的意義，而不能說得史學研究之精義。古人之書，經藏俱在；今人著作，就不能滿足於導讀。所以，本書的最後部分，不想淹沒在數以百計的「禪淨合一」大合唱之中，而代之以一些簡要的分析。

　　自五代而南北二宋，取代唐代百家爭鳴的局面，禪宗是中國佛教的唯一主流，此乃一不爭之事實。在宋儒之口中，無論是程朱之辟佛，還是陸王之傍佛，實質上說的都是禪宗，以至宋人有「一大藏出於莊子」之說。（禪宗與莊子之關係，時時可感覺到；否則說所有佛教都出自莊子，太違常理。）

　　基此事實，宋明以還禪淨合一的潮流，其內在依據，首先在於禪宗。甚至可以這樣說，禪宗在適應歷史潮流，調節自身的過程中，「選擇」了淨土宗。

　　在中國文化史上，唐宋二代分別代表著絕然不同的二種

文化人格——唐代的開邊與宋代的御外；唐詩與宋詞；唐人雕塑的富態安寧與宋人雕塑的弱不經風；唐代書畫的厚重狂放與宋代書畫的文人氣息……宋朝確實是中國文化史上的重要分水嶺。

閱讀禪宗的《燈錄》，愈是時代向後的禪師，其時地事跡、著作語錄的記錄，愈是詳盡、清楚，與早期禪師史料之零落混亂，形成強烈的對照。但是歷代禪師身上那種特有的朝氣、那種特殊的魅力，在晚期禪師身上再也感受不到。最根本的原因，乃是晚期禪師們再也沒有先祖們的文化環境，那些特殊的機遇……入宋以後的禪師們所面臨的，是朝廷嚴密的管理、宗門嚴格的規矩、陳陳相因的教育（方式）、參之又參的公案話頭……怎能要求他們再具備當年先祖們的原創性？

禪宗之創造力的源泉，即在於禪宗特別強調每個人用自己的方式去悟道證道，於是就有了多姿多彩的宗風家風。但一旦宗旨確定，其法子法孫的創造性也就表現在方便施設的標新立異之上。就此而言，曹溪門下五家七宗，歷時數百年，種種機鋒，早已被溫習踐履了無數遍。後來的禪師守成已難，遑論創新！其創造的資源就日益枯竭，此所謂時勢造英雄也！更為重要的是：當禪宗風行中華、成為正統，參禪求開悟解脫成為一個普遍的文化現象和社會要求時，維持門風，純潔佛法就成為首要任務。偏偏禪宗又是「魚兒飲水，冷暖自知」，絕對不可說的，如何才能鑒別得道開悟者的真偽虛實呢？禪宗之所以為禪宗與成為正統的天然矛盾，促使禪宗的時代課題歷史地由「悟道」轉移到「證道」——「悟道」，個性開

悟，自證自度；「證道」者，相互接機，師徒相證。循此歷史軌道，禪宗被日益模式化！

禪宗的模式化，從而原創性的萎縮，極其深刻地反映了當年圭峰宗密所預見到的，禪宗自身固有的內在矛盾——沒有一個外在統一的、人人可行可證的真理標準——日益暴露、日益尖銳！在他們尚未真正接受宗密於《禪源諸詮集都序》中所開出的藥方和永明延壽「萬善同歸」的主張以前，模式化乃是禪宗企圖克服危機的唯一出路。從根本上說，宋明禪師開口便是「家風」，起手便是「三關」，他們就是自覺不自覺地在「規定」一套真理的標準。可惜，模式化解決不了此問題！因為它能做到的只是外在的可行可證性，但卻缺乏作為真理標準的最根本的條件——統一性！這正是任何宗教最後總會造就一個最高神祇的根本原因。但禪宗的本質決定了它做不到這一點，因為禪宗之所以為禪宗，就在於其成佛在當世而非來世，並且是個體的、內在的自我證明。所以，當一個禪師建立一種模式時，另一個禪師就可以建立另一種模式；當一個禪師賦予該模式以此意思時，另一個禪師可以賦予其彼含義。當意義明確的的文字和體系完整的經論之權威被推翻拋棄之後，含糊其事、雞零狗碎的模式能頂什麼用？模式化最後的結果，是對自身的否定——無模式！無數個「聖人」擠滿街頭，「酒肉穿腸過，佛祖心頭坐」，狂禪的出現，主要意義並不是一種諷刺，而是一種危機！

禪本有些狂氣，此乃禪宗之創造力的源頭之一。但若此狂氣發展到無法自我規範、自我制約的地步，麻煩就隨之而來了。

人人都可自稱開悟，自封教主之內因，加上名利誘惑之外因，大批士無有其能、農不耐其勞、工莫得其技、商弗窺其機的芸芸眾生、無賴，便混跡禪窟，騙財騙名。滿街開悟的聖人，遍地六通之神僧，恰似當今遍布世界的氣功大師，特異人士！

「苦海無邊，回頭是岸」，當模式化的路走到山窮水盡之時，唯一的柳暗花明之道即是及時作真正的、脫胎換骨的自我調節——重新皈依於佛祖和經典的權威。當歷史的浪潮把禪宗推到這一步時，放眼望去，禪師們的眼前耳際，一派佛號，遍地淨土！

禪淨之淵源可謂深矣！它們本是同根生，都是從廣義的禪定中發展出來。作為禪宗成熟的口號之一「是心是佛」、「是心作佛」，出於淨土三大部之一的《觀無量壽經》，絕非偶然。因為禪淨二宗不約而同地企圖超越佛教之三學六度四念處、因緣實相解脫門等一整套複雜的體系，一下子直接把握成佛之最高境。於是「人和神」這人類學和宗教學的最普遍命題，轉化為「心和佛」之佛教的特殊命題。沒有任何中介，入得門來，人即是佛。直捷、簡潔、易行成為禪和淨土共通的特徵，只不過禪宗走的是內在、個體、當世成佛的道路，而淨土宗走的是外在、群體、來世成佛的道路。

即使雙方在開宗立派的歷史潮流中分道揚鑣，但共用一條臍帶的前世因緣，卻是剪不斷，理還亂。中國淨土宗的實際開創者曇鸞，與禪宗的實際開創者四祖道信，前後相續，同奉大乘般若學，一倡念佛三昧，一倡一行三昧，同源異流，形神相契。

淨土三祖法照（按《樂邦文類》所立淨土六祖說），承懷感之勵聲念佛說，製定五會念佛之儀則：合五音之曲調，以教唱佛名，以警策自、他之信心，而成就三昧。五會念佛，第一會平聲緩念，第二會平上聲緩念，第三會非急非緩，第四會漸急念，均唱南無阿彌陀佛六字，第五會即轉急念，只唱阿彌陀佛四字。又《略法事儀讚》云：第一會時平聲入，第二極妙演法音，第三盤旋如奏樂，第四要期用力吟，第五高聲唯速念。由此可知：最初第一會平聲緩念，引聲唱六字名號，次第而高聲急念。至第五會，更加高聲，唯速念阿彌陀佛四字。分五會之用意；根據《無量壽經》卷上：「清風時發出五種音聲，微妙宮商自然相和」之文。《略法事儀讚》中云：「修此法者，即於此生能離五濁煩惱，除五苦，斷五蓋，截五趣，淨五眼，具五根，成五力，得菩提，具五解脫，能速成就五分法身。」

而同時禪宗五祖弘忍所傳之東山門下，幾乎全體念佛——主流之北宗神秀，尚「淨心念佛」；南宗慧能，創「念摩訶般若波羅蜜」，雖屬革命，但總還是在「念」。最引人注意的是五祖門下四川一支，其中宣什宗，據宗密《圓覺經大疏鈔》，此派號稱南山念佛宗。而淨眾宗之成都金和上無相（天台家之《佛祖統記》中所立之淨土三祖南岳承遠，乃其同門），則倡引聲念佛之儀則。與法照之由緩至急、從低到高的程序相反，宣什、淨眾所取為由有聲至無聲，「一鼓作氣、再而衰、衰而竭」（這兒借用《左莊十年傳・曹劌論戰》之語）。一禪一淨，一正一反，簡直預告了日後禪淨合一的大勢。

除了血緣關係所造就的禪淨二宗的感應道交之外，更重

要的是：當禪宗因與中國士大夫文化投緣，在雅文化層次上
得以獨佔佛教這一席位時，淨土宗卻發揮自宗的優勢，在俗
文化層次上，成了佛教的一大代表。

　　當淨土宗把經論所說觀想念佛變成口稱念佛時，再進一
步創出臨終念佛後，淨土宗對廣大老百姓的吸引，無人能敵！
因為照此法門，那怕酒沽狗屠，畢生無緣於佛道，只要臨終
悔過，一聲佛號，即能往生西方。

　　　又直同志，三五共結言要，垂命終時，疊相開曉，為稱
　　　「阿彌陀佛」，願生安樂，使成十念也。 ❶

　　最重要的是，淨土宗那可行可證，簡潔統一的佛號——
「南無阿彌陀佛」， 正好墊補了禪宗的空缺，成為禪宗那無
可言傳、無法印證之悟境的最佳載體。禪宗那與生俱來的矛
盾，或能由此消解。

　　內外相湊，因緣交會，禪淨合一之大勢，已是瓜熟蒂落，
水到渠成了。禪淨二宗，終於再度攜手，開出佛法之新世紀。

第二節　合流之後

　　撰寫佛教史，有一奇特的現象：愈往上追溯，愈是遠古
的人事，說得越詳盡；其章節之細、文字之多，遠勝後來。
給人的印象，也就恰與佛教之「三世說」相合——佛道由正
法而像法、由像法而末法，一代不如一代。

❶　曇鸞《往生論注》。（《淨土叢書》第八冊）

其實並非如此。

除了中國人尚古崇祖的傳統心理之外，史家對二種不同類型的文化之親疏偏愛，乃是造成此錯覺的根本原因。

古代中國佛教文化，漢魏隋唐可歸為一類，屬文化開創期；宋元明清又是一類，屬文化成熟期。前者以質量、氣度、顯明的個性勝，後者以數量、衡定、統一的人格勝。二者前後相續、因果相連，真正有識之史家，絕不能任一己之喜好，任意貶褒。但是，寫史，即是做文章，就此而言，差別就無法避免了！

與漢魏隋唐的文化氣韻一致，中國佛法的先趨者、開創者個個雄渾猷勁、氣勢逼人，共通的使命感和文化人格，透過不同的經歷和迥異的個性，在一簡青史上刻下了一個又一個深深的印記。令後人攬史，如行山陰道上，目不暇接，當然是浮想連篇，筆下生花！

相形之下，宋明以後，也是與其文化特色相一致，中國佛教就顯得孅細、蒼白，缺乏開創性，因而也就無明顯的個性。無個性、無氣勢的材料入文，饒是夢筆生花，也難逃曹雪芹所謂「千人一面，千部一腔」之命運，此實是為文之大忌。無可奈何之際，只好千年史說匆匆帶過，籠而說之，統而論之。

而今筆者也遇到了這個問題！

禪淨合一史，寫到宋明，應是剛剛入進門檻。就數量而言，高唱自性彌陀、唯心淨土、老實念佛、禪淨合一的人和事、論和著，百分之九十在宋明以後。但是，就分析而言，就本書的目的任務而言，禪淨合一的淵源和根據，卻已說了

百分之九十。如果不忍割愛，將宋元明清「有資格」的人和
書一一抄下，絕對是蛇足狗尾。

因此，本書的最後一章，不可能取「面面俱到」的目錄
學方式，代之而以俯瞰的辦法——統論宋明以還禪淨合一之
大勢的幾個特點。

一、淨土宗的由泛而專

死亡和來世問題，從某種意義上說，乃是宗教的「專利」，
故也是淨土宗有其先天的優勢和生命力之源泉。口稱佛號和
往生西方，不但彌漫佛教全體，而且成為中國的民俗，很多
人並不信佛，如《紅樓夢》中的林黛玉，但關鍵時刻，「阿
彌陀佛」不知不覺地掛在口上。所以淨土宗的泛化，乃是淨
土宗與生俱來的命運，它天生就是一個「寓宗」， 直到宋明
以後，這種泛愛諸家的情形，才為專鍾禪宗的大勢所取代。

前文我們曾歷數禪宗與淨土的歷史淵源，事實上，中國
佛教各大宗派，與淨土都有數不盡的糾纏瓜葛。這一點，日
人望月信亨教授所著《中國淨土教理史》提供了最好的證明。
僅看該書部分目錄，就足夠了：

第九章　　　天台智顗之淨土論及常行三昧
第十章　　　吉藏之淨土論及生因說
第十六章　　玄奘、窺基及法相諸家之淨土論
第二十一章　天臺門葉之淨土讀土讚揚與飛錫之三世
　　　　　　佛通念說……

　　粗粗列其顯者，天台宗之天台灌頂(561-632)、荊溪湛然(711-782)、寶雲義通 (927-988)（宋僧，四明知禮與慈雲遵式皆出其門下）， 法相宗之玄奘、窺基，華嚴宗之智儼、澄觀，律宗之元照。直是一張令人肅然的名單！

　　然而，因緣際會，時勢所趨，禪淨合一漸漸成為主流。恰如「淨土公司」的股票，開始是各家平均持有，慢慢地「禪宗公司」獨霸其股，成為左右大局者。宋明以還，禪宗名僧幾乎全體修淨：金萬松行秀 (?-1347)，元中峰明本、天如惟則、楚石梵琦(1294-1370)，明一元宗本、無盡傳燈、楊岐派（空谷景隆[1391-1444]、古音淨琴、楚山紹琦[? -1473]、憨山德清[1623-1700]）、曹洞宗（大方如遷[1548-1618]、大方祖通、無明慧經、湛然圓澄 [1561-1626]、鼓山元賢[1574-1629]）、廬山徧融、雲棲袾宏、紫柏真可(1543-1603)、蕅益智旭。至清則道俗全體，無一例外。

　　而淨土方面，也對禪宗情有獨鍾。唯心淨土、本性彌陀

和老實念佛成為宋明以後淨土著作的長青主題。這一點，只要作二方面的比較：一是比較淨土宗之祖統說，二者比較淨土宗之往生傳，即能有畫龍點睛之效。

淨土本無宗祖之說，應受禪、天台、華嚴等諸家啟發(抑是壓力?)，晚至南宋慶元六年(1200)，四明石芝宗曉編《樂邦文類》，方第一次立蓮宗六祖：慧遠、善導、法照、少康、省常、宗賾。淨土祖統，歷來爭議頗多；僧俗二家，批評之聲不絕。《樂邦文類》所立淨土六宗，本朝僧人佔了二名，此應與乾道年間，南宋高宗親書「蓮社」二字一事有關。皇上力倡，故當今淨宗之勢，必盛於古，厚今而薄古，理所當然。但前代大師，何能忽視；當代僧人，或是僭越！正因如此，會有種種不同的淨土祖統說問世。但有一個問題，不但沒有引來批評，反而為歷代繼承，成為各種祖統說共通的特色──淨土宗祖中擠進了禪宗中人！

上述之淨土六祖長蘆宗賾（蒙賜慈覺禪師之號，又稱慈覺宗賾），以立蓮花勝會而聞，因彼人曾夢見《華嚴經・離世品》中所說之普賢、普慧二大菩薩亦欲入會，一時名聲大振。又宗賾唱參禪不礙念佛，念佛不礙參禪；有「處處綠楊堪繫馬，家家門戶透長安」之佳句流傳於世；那有名的開庫營田之喻，傳也出於宗賾之口。緣此因緣，宗賾得以入選為淨土六祖。但是，追根尋源，宗賾乃禪宗嫡系──宗賾乃是雲門宗長蘆應夫之門下，即有名的天衣義懷之法孫。

以他宗中人有功於宗門而立其為本宗宗匠以至宗祖，佛教史上也是有先例的。但是一而再、再而三地立禪宗中人為自宗宗祖，乃是淨土宗的一大特點。

按時間順序，接下來是天台系統的志盤，在其巨著《佛祖統記》中立蓮宗七祖：慧遠、善導、承遠、法照、少康、延壽、省常。正因是天台家說，志盤所立，或許更有說服力。志盤對淨土可謂重視有加，《佛祖統記》諸宗部中，特僻淨土立教志三卷，而諸宗僅合一卷位於其後。但他卻沒有加一位台家人物於淨土祖師之中，他之所為：拉掉了一個禪師宗賾，換上了另一個名頭更響的禪師——永明延壽！

而後，明蓮菴大佑著於洪武二十八年(1894)的《淨土指歸集》立淨土八祖，又把宗賾拉回（於志盤之七祖之中)，禪師在淨土宗的地位，更加突出。

明清以還，時勢所然，新的祖統說中，加進了雲棲祩宏、實賢省菴(1682-1730)、徹悟際醒(1741-1810)，則更全是禪淨雙棲者。

第二個比較是往生傳的內容，其趨勢與祖統說是完全一致的。

現在所見的最早的往生傳，乃飛山戒珠的《淨土往生傳》（著於宋英宗治平初年，公元1064)，其中收入五十六人，附見十九人，無一禪宗中人。

後王古《新修往生傳》（宋仁宗元豐七年，公元1084)，收了永明延壽，乃是唯一禪師。

再是王龍舒《龍舒淨土文》（南宋高宗紹興三十年，公元1160)，正文中收入永明一人，附錄收入永明、宗賾。

從此以後，等而下之，凡淨土宗書中傳記，禪宗中人，越來越多，不可勝記。試讀淨土往生傳之殿軍，清彭希涑(1761-1793)之《淨土聖賢錄》和胡珽之《淨土聖賢錄續編》，

就可了然。

綜上所述，宋明以後，淨土宗由泛而專的勢頭，可謂一清二楚。但最後還是需要加一附註：雖曰合流，禪淨兩方的姿態還是略有不同。宋明以還的禪宗，固已不同於唐五代之禪宗而納之以淨，但其獨立自我意識還是非常強。其典型如元中峰明本和天如惟則，他們是禪宗中真正地實踐、兼修淨土之先驅者，讀他們的著作，如《天目中峰和尚廣錄》、《明本禪師雜錄》、《天如唯則禪師語錄》等，最強烈的感受即是他們還是禪師——當他們上堂開示，拈起一則話頭、一個公案時，脫口而出，絕對是禪家風味，極其正宗純粹。只有當他們專門鼓吹禪淨合一時，才禪與淨土，無分左右。這一特點，直至明楚山紹琦、憨山德清、雲棲袾宏、紫柏真可都繼承下來了，正因如此，《續藏》中能收進禪師語錄二十一大冊，四百餘種（佔全部《續藏》六分之一弱）。相比之下，淨土宗卻不復再見「純粹」的淨土家說了，透禪出淨也好，透淨出禪也好，反正離卻心性，就很難說念佛往生了。所以，形容禪淨合一，如果說是像二條大河，併而為一那樣，恐怕想像力還不夠，實際情況，遠為複雜而豐富。此情此境，給本書撰寫宋明以後之禪淨合一史，有一直接影響——看上去好象就是在寫淨土史，好像禪宗全給融入淨土宗中了。事實正好相反，禪淨合一之外，有著獨立的禪宗史，卻無「純粹」的淨土史！

二、強大的居士隊伍

自二宋始，推動禪淨合一的力量，除了僧人之外，極為引人注目的，是一支強大的居士隊伍。有唐一代，雖然有白居易、李翱(772-841)等名人好佛，但絕對是少數。至永明延壽《萬善同歸集》中，還專門發問：「在家菩薩，亦許純修善不？」試想，如果當時沒有反對在家修善的言論，何必此問？由此可見，直至宋初，居士而修證，尚未流行。但時至元代，卻出現了偽造六祖慧能之偈云：「寧度白衣千千萬，不度空門半個僧」，思潮遞變，反差之大，令人難以置信！

但事實不容否定，請看下列名單：

楊傑（宋元祐時為禮部員外郎，參天衣義懷）

　〈天台十疑論序〉、〈直指淨土決疑集序〉

王古（與楊傑同時，官至禮部侍郎）

　《新編古今往生淨土寶珠集》、《直指淨土決疑集》

蘇東坡（著名文人，參東林常聰）

　〈阿彌陀佛像讚〉

江公望（宋崇寧時為司諫）

　〈念佛方便文〉

陳瓘（從明智中立受天台教旨）

　〈延慶寺淨土院記〉、〈天台十疑論後序〉、〈寶城易記錄序〉、〈止觀坐禪法要記〉

晁說之（官至侍制，先師從明智中立，後私淑大智元照）

　〈淨土略因〉

王日休（國學進士）

　《龍舒淨土文》十卷

王衷（南宋政和年間人）

〈勸西方文〉

王以寧（官至侍制，參真歇清了）

〈廣平夫人往生記〉

遂寧（官至給事，參大慧宗杲）

〈西方禮文〉、《彌陀懺儀》

林濟（元人，號西歸子，創立西資社）

《讚淨土諸上善人詩》五百首

張掄（官至浙西副都總管）

於家中創立蓮社，南宋高宗親書「蓮社」二字賜之。

鄭清之（南宋理宗時丞相，封魏國公）

〈勸修淨土文〉

姚廣孝（即僧道衍，明太宗時還俗為太子少師）

《諸上善人詠》、《淨土簡要錄》

嚴敏卿（明嘉慶間翰林學士，次拜武英殿大學士，為雲棲袾宏之有力外護）

〈樂邦文類序〉

莊廣還（從袾宏受教）

《淨土資糧全集》六卷

李贄（萬曆時人，官至南京刑部主事）

《淨土決》、《西方說》

一念（萬曆時人）

《西方直指》三卷

袁宏道（明萬曆進士，文學史上以袁氏三兄弟而有公安派）

《西方合論》

張師誠（清嘉慶時人，官至江蘇巡撫）

《徑中徑又徑》

胡珽（道光年間人）

《淨土聖賢錄續編》

程兆鸞（同光時人）

《蓮修起信錄》六卷

楊文會（著名金陵刻經處創始人）

《蓮邦消息》、《求生捷徑》、《西方清淨音》、《彌陀經論》

長長一串名錄，還是掛一漏萬。一眼就可看出的是：這批居士大多數身居高位，有錢有勢且不必說，更是有著高品位的文化素養，其中甚至還有極負盛名的文人，這一切於禪淨合一大勢之推動，可想而知。

然而，另有一重要信息，卻往往容易為人漏掉。上述居士的著作，乍一看，全是淨土方面的。除了前文剛講過的理由，即當時的淨土史就是禪淨合一史；更有深意的是，這批人的「心路歷程」都是儒而禪、再而淨。宋明以後的古代中國，入仕之途乃是唯一的「明經」——明的是儒家之經，尊的是程朱之說，所以這批居士在起點上都是儒家者流。而後雖有不同的經歷機緣，但差不多都是「參禪有得」，這當然與禪宗的主流地位有關，且中國的士大夫與禪宗確是有著極深的淵源。但他們由參禪之所「得」，又怎麼把他們不約而同地引到了淨土的「歸西」之路上？此中大有深意。請看他們

的夫子自道：

> 一念〈西方直指序〉：「今禪毒大發波及吾儒，汝不衛儒直搗禪巢，誠急則治標之奇策也。」

> 莊廣還〈淨土資糧全集自序〉：「非儒無以識佛之理，非醫無以達佛之心，非玄無以肇佛之寂，非閒無以築佛之基。」

寥寥數語，道破天機。

在更大的文化背景上看，宋明以後，儒釋道三家合流乃是當時之主導。本來，禪之「心性」與宋儒之「心性」不說同宗同源，也是非常接近的。但禪宗借陸王一派的張揚，逐漸步入歧途，狂態日露，與強調天理、誠敬和綱常的儒家主流距離日遠。站在儒家主流文化的立場上看，禪宗的此一變化是極為危險的、不能認可的，必須要懸崖勒馬，讓禪宗重入正規。最穩妥的方式，便是給禪宗套上一籠頭——與脫韁野馬般的狂禪相比，融入淨土之禪，絕對的溫和文雅。

原來這批仍然身處碌碌紅塵之中的居士，其所「得」往往不同於出家的法師——他們對禪之「狂」的警覺性遠高出於不問世事的和尚。參禪之餘，必然地入淨，實是在更深廣的意義上體現了時代的要求。入佛而不非儒，參禪而常修西，即儒即禪即淨的目的，即在於造就一有信有證、有規有矩、可循可蹈的信仰氛圍和倫理秩序。

居士隊伍的壯大，乃是三教合流的必然，同時又從另一

角度切入，有力推動了禪淨合一之大勢。儒釋道三教合一的大歷史舞臺，禪淨合一的小文化背景，二者相互契合，相互推動，而一支居士隊伍，則是那二個層面、二個系統、二個場景之間的通道、連線。

三、大型叢書之集成

佛法博大精深，佛書浩如煙海，古人云「皓首窮經」，本用於漢代（儒家）經師，若移諸佛家，恐更入木三分。若《大般若經》六百卷，《華嚴經》四萬五千偈，《大藏經音疏》五百餘卷，《宗鏡錄》、《法苑珠林》各一百卷……那怕閉關閱藏，也無法窮盡，所以歷代多有僧人於佛前抓鬮，以鎖定個人一生專攻方向故事，實是佛書太多，難以卒讀也。

又佛法之難，難在入門也不易。因佛家之經咒論疏，行儀清規，往往是獨立成篇。即便是有明師指點，也必需一本一本，細細讀去，日積月累，要能融匯貫通者，或才有所意會。至於禪宗的公案燈錄，則更如天書一般，往往教人墮入五里雲霧之中。

相比之下，通過淨土著作去把握宋明之後禪淨合流之情勢，則容易得多。其原因，就是因為宋明以還，淨土宗中出現了許多大型叢書，這些叢書往往收羅整齊，編排有序，有時一冊在手，徐徐讀去，即能對「唯心淨土，本性彌陀」有個大概了解。

此優點應是與淨土宗之傳統有較直接的關係。禪宗本講究「不立文字」，故其所傳經典，如《壇經》等，都有短小

精要、通俗易讀的優點。但後來禪宗日益發達，其宗風日見神秘，相應的禪宗典籍也就變得臃腫（如《燈錄》）、難懂（如《無門關》、《碧巖錄》）。而淨土宗自隋唐時起，就出現了脫離經註經疏之老套、專述淨土大意的論著，如托名智顗的《淨土十疑論》，道綽的《安樂集》，迦才的《淨土論》和懷感的《釋淨土群疑論》等。這些書的共同特點是：它們一反絕大多數佛書因跟著原典走，故往往中心主題不突出的通式，以自設問答的形式，集中論述有關淨土信仰的主題。入宋以後，就出現了編集大型叢書之風，成為禪淨合一史上的一個觸目特點。

舉最有代表性的例子，王日休之《龍舒淨土文》可視為第一本大型叢書。該書正文十卷，附錄二篇——卷一淨土起信九篇；卷二淨土總要七篇；卷三普勸修持九篇；卷四修持法門十五篇；卷五往生事跡三十篇；卷六特為勸諭三十七篇；卷七指迷歸要七篇；卷八現世感應十八篇；卷九助修上品十六篇；卷十淨濁如一十篇——全書結構完整，內容全面，成為一獨立的宣揚淨土系統。受彼影響，而後同類的叢書，都有類同的布局。

如宗曉的《樂邦文類》五卷，以收集淨土史料為主——卷一引經四十六處；卷二序跋三十二家；卷三記碑十九分；卷四雜文三十三篇；卷五賦銘偈頌詩詞共計五十五（篇）首——照樣是一完整的體系。

又大祐之《淨土指歸集》和一元宗本的《歸元直指集》，前者立原教、宗旨、法相、觀慧、行法、證驗、決疑、斥謬、指廣、勸修十門；後者上下二卷集九十七篇文字——皆能廣

說淨土教旨宗風，力倡禪淨合一，簡明扼要，主題清楚。

到莊廣還編《淨土資糧全集》，則是有經有文，有理有行，有例有證，有揚有抑，號稱《全集》，絕不為過。

最後，也是最成熟的，要數靈峰蕅益選定之《淨土十要》和毛惕園居士的《續淨土十要》，二者都是精選前人經典著述，一一加註加按，或序或跋，匯集成冊，堪稱一小型淨土百科。

種種大型叢書，就內容而言，是以輯集前人為主；但就意義而言，其產生之本身，就反映了宋元明清四朝，禪淨相合，成為佛門主流的歷史狀況。

四、老實念佛

有宋一代，提倡禪淨合一，最響亮的口號是「唯心淨土、本性彌陀」。其首唱者為天衣義懷，史傳義懷嘗對眾設問：「若言捨禪取淨，厭此欣彼，即存取捨之情，為眾生之妄想也。若言無淨土，則違佛語。果然，修淨土者當何行？」眾皆無答。彼自答曰：

> 生則決定生，去則實不去。譬如雁過空，影沉寒水，雁無遺蹤之意，水無留影之心。❷

其禪偈固然圓通無礙，但其出發點，還是針對「捨禪取淨」之「妄想」。到元天如惟則，唯心淨土、本性彌陀之說則形成

---

❷　普濟《五燈會元》卷16，天衣義懷禪師。

體系，成為惟則禪師禪淨合一主張的重要組成部分。要而言之：淨土則唯心，心外無土；唯心即淨土，土外無心。而此一心，即三身（應身、報身、法身）四土（同居、方便、實報、寂光），故十方微塵國土唯吾心中之土，三世恒沙佛唯吾心中之佛。據此則無一土不依吾心而建立，無一佛不由吾性而發現；十萬億外之極樂亦唯心之淨土，極樂國中之教主亦本性之彌陀也。

無論是當初義懷提出「唯心淨土、本性彌陀」的動機，還是後來天如惟則所完成的思想，很明顯的，是站在禪宗的立場上，以禪的「心」「性」去解釋淨、去融匯淨、去改造淨。這一現象，極其生動地反映了唐宋時期，禪宗為佛門主流的不爭事實。

然而，隨著時勢推移，至明清時代，禪淨的關係有了變化——「唯心淨土、本性彌陀」的領導地位為「老實念佛」所取代。其最有力的例證便是明末四大師，翻看《憨山老人夢遊集》、《紫柏尊者全集》、《雲棲法彙》和《蕅益大師全集》，執持名號、一心念佛之說隨處可見。蓮池袾宏甚至以「老實念佛」四字為其臨終囑咐。

變化的遠兆甚至可以追溯到更早，如本書所考，托名永明延壽、強烈表示淨勝於禪的「四料簡」，最早見於元末，並且恰恰是出現於天如惟則的著作中。一面是成熟的「唯心淨土、本性彌陀」思想，一面開始為「四料簡」辯疑，思潮變遷，清楚凸現。

這是禪淨合流過程中，二宗關係的微妙變化。從禪宗獨尊到互補互濟，傳遞了一個極其重要的時代信息——這是一

種文化自覺，最主要的內容即是對狂禪危機克服的自覺。

　　如前所述，禪淨合一的內在依據，即在於恢復經典的真理性。早者如宗密之呼籲：

　　　　經是佛語，禪是僧意，違佛遵僧，竊疑未可。❸

晚者如一念之抨擊：

　　　　今禪毒大發波及吾儒，汝不衛儒直搗禪巢，誠急則治標之奇策也。❹

無論是佛家立場的「未可」，還是儒家立場的「禪毒」，指的都是一回事，即是禪之致命傷——真理標準的迷失！而「老實念佛」四字，則是尋回真理、治理「禪毒」的最好藥方。無此自覺，即使禪淨合一，也無法健康發展。在這一點上，歷史曾提供過經驗和教訓，宋元間慈照子元所立白蓮社故事，則是最典型的例子。

　　子元係蘇州平江崑山（江蘇省松江縣西北）人，姓茅，號萬事休。幼喪父母，投吳郡延祥寺志通，誦《法華經》、十九歲出家，修習止觀。又從姑蘇（江蘇省吳縣）之淨梵受天台教。一日聞鴉聲而得悟。由此生起利他攝化之心。倣廬山白蓮社之遺風，作蓮宗晨朝懺儀，普勸人人念佛，受持五戒，自代法界眾生禮懺，願彼等眾生生西方淨土。後於平江之澱

---

❸　宗密《禪源諸詮集都序》，卷1。(《大正藏》2015)

❹　一念〈西方直指序〉。

山湖（江蘇省青浦縣西）建白蓮懺堂，與眾人共修淨業。時
有以其說為異端，而告之於官。南宋紹興之初，年四十六歲，
被放逐到江州（江西省九江縣），然仍不移所信，教化諸人。
撰《西行集》。 紹興三年赦免，應詔入德壽殿，為高宗說淨
土之法要，賜勸修淨業蓮宗導師慈照宗主之號，並金襴衣。

　　按子元之書，未能傳下，唯於元普度之《蓮宗寶鑑》一
書，乃是據其遺著，為重正白蓮社之風而寫，故其中材料，
尚可引用。約而言之，子元以「普覺妙道」四字為立宗根本，
又按天台家說，分淨土為圓融四土，據以和會禪淨。因為當
時禪宗說唯心、不說西方；淨土說西方，不了自性；今子元
立圓融四土，上根之人參究坐禪，入大菩薩所居實報土；中
根之人觀想持念，入聲聞所居方便土；下根之人十念成就，
入人天所居同居土。照此觀之，並無「出格」之處，何以被
指異端，連書也傳不下來？

　　事實是另有隱情，子元逝後七十餘年，宗鑑撰《釋門正
統》（成書於南宋理宗嘉熙元年，公元1237），即將子元之白
蓮社編入於斥偽宗之內。後志磐之《佛祖統記》（撰於度宗
咸淳五年，公元1269）中，則再度將其攝入事魔邪黨之部，
其理由如下：

　　　白蓮、白雲，處處有習之者。大抵不事葷酒，故易於裕
　　　足。而不殺物命，近於為善。愚民無知皆樂趨之，故其
　　　黨不勸自盛。甚至第宅姬妾為魔女所誘，入其聚中，以
　　　修懺念佛為名，而實通姦穢，有識士夫宜加禁止云。❺

　──────────────
　❺　志磐《佛祖統記》，卷54。（《大正藏》2035）

勸諸男女同修淨業，自稱白蓮導師，坐受眾拜。謹蔥乳、不殺、不飲酒，號白蓮菜。受其邪教者謂之傳道。與之通婬者謂之佛法。相見傲憎慢人無所不至。愚夫愚婦轉誑誘，聚落田里皆樂其妄。❻

原來是子元之後，白蓮社走火入魔，走上了邪道！故普度之《蓮宗寶鑑》特立〈念佛正論〉一卷為殿，其中對白蓮社員之言行，分條序列，一一破斥。今摘數例，亦可開開眼界：

辨明三寶：「今有邪愚不解，偽撰真宗妙義經，妄言精是佛寶，氣是法寶，神是僧寶，遞相傳習。」

破妄說災禮：「或搜鬼竅，有若師巫；或稱彌勒下生；或言諸天附體；或向燭光上見神見鬼；或在香煙上斷吉斷兇。」

辨明空見：「便道飲酒食肉不礙菩提，行盜行婬無妨般若。」

辨一合相：「妄說夫妻是一合相」（《金剛經》云：「如來說一合相者，即非一合相，是名一合相。」六祖云：「心有所得，即非一合相；心無所得，即是一合相。」）

❻ 志磐《佛祖統記》，卷48。（《大正藏》2035）

辨明雙修：「詐稱蓮宗子弟，妄指雙修，潛通婬穢。」

辨明三關：「妄指人身三丹田，仍內三關……又說自足至腰，三處疼痛，為外三關。」（禪家有「黃龍三關」、「兜率三關」等。）

辨明不生不滅：「有愚人妄以不產後嗣為不生，不斷欲心為不滅。」

辨明曹溪路：「妄指人身有夾脊雙關，作曹溪一派。又妄說六祖云：寧度白衣千千萬，不度空門半個僧。」

辨明髻中珠：「今有一等愚人，錯會經旨，妄以運氣入頂，作髻中珠。謂之最上乘法，密密相傳，教人般精運氣，衝入頭頂，要學世尊頂上有肉髻珠。」

辨明無漏果：「妄將眼眵鼻涕，盡皆喫了，謂之修無漏者。」

辨明趙州茶：「今有愚人，不明祖師大意，妄自造作，將口內津唾，灌漱三十六次嚥之，謂之喫趙州茶。或有臨終妄指教人用硃砂末茶點一盞喫了，便能死去，是會趙州機關。更可憐憫者，有等魔子，以小便作趙州茶。」

乍一看，真是聞未所聞，可謂魔黨邪徒。子元之禪淨合

一，何以衍出如此謬種？但再深入細想根本，禪宗末流難逃其咎。此話何說？因為禪宗尚自修自證，自立真理，自己肯定，所以增益歷史，偽託古人成為禪宗的傳統；而「千七百則公案」之中，千古難解之謎要有多少？如「黃龍三關」，誰個真能說出個道道來？一旦世道不寧，用心邪惡之徒，加上無知的愚婦愚夫，什麼下流的事都出來了──他們也在「學佛修法」，不過是不依經典、離經叛道的「修習」。

所以，白蓮社的出現，在某種意義上，是一警告──禪淨合一，一定要緊緊抓住「重立經典之權威」這一核心。過分依戀禪的「唯心」，仍有危險；而提倡「老實念佛」的關鍵，即在於「老實」兩字！

優曇普度正是把握了這一歷史的脈搏，撰《蓮宗寶鑑》，為蓮宗正名，為佛法請命。請看他為《蓮宗寶鑑・念佛正論卷十》所撰序言：

說佛法之功用：

利於上下，實助於孔周之教，贊翊皇化，其亦至矣。使一人能行是道，以訓於家家以導，於鄉鄉以達，於邦家以至於無窮，則天下之民涵道泳德，融神實相，高步無何而極佛境界，豈止以為善人君子而已哉！夫如是，則何患乎忠孝不修，禮讓不著歟！以此觀之，豈非能仁之道與仲尼之道共為表裏，訓於民耶？

斥白蓮社之非：

嘗謂教門之利害有四：一曰師授不明，邪法增熾而喪其
真。二曰戒法不行，綱常紊亂而犯其禁。三曰教理未彰，
謬談非議而惑其眾。四曰行願不修，迷入邪途而墮其魔。

二者的差別，就在於前者「老實」，而後者「不老實」。

觀察歷史，入明之後，揚淨抑禪之「四料簡」挾延壽之
盛名，深入人心。至嘉靖末，廬山徧融出，鼓吹念佛。其門
下雲棲袾宏、憨山德清、紫柏真可都是一代高僧，又均力倡
「老實念佛」。 而同時之靈峰智旭，更唱三學一源之說，以
淨土為禪、教、律三學之歸結處，為「老實念佛」在教理上
提供了堅實依據。反面的教訓與正面的經驗，相互激盪，終
於推出一代新風 ——「老實念佛」取代「唯心淨土」而成為
佛門主導。這恐非偶然，而確實是禪淨合一之歷史自覺。

五、標新立異

漢魏隋唐之佛家新見，常常可用「創新」說之；而宋元
明清之佛家新見，則以「標新」為妥。我說「創新」和「標
新」， 其義當然有所差別，但絕無貶褒之意，實乃時代使之
然也。隋唐以前，佛家新見，如道安、道生、慧遠、達摩等
輩，肩負佛法中國化之大任，其事其業，均是開創性的 ——
論證為了開創，故曰「創新」。 而宋明以後，大局已定，縱
有新見，也是發展性的 —— 立新為了論證，故曰「標新」。都
是高度的智慧，都是百家爭鳴，但時勢不一，前者篳路藍縷，
後者輕車熟路，氣度也就迥異。

宋明以後，總的趨勢，禪淨合一已成大局。但總還是二宗合流，總還有宗派山頭，故總還是有隙要補，有疑須釋，有氣要鼓，有邪須斥，有情要抒，有偏須糾，有學要立，有事須料……局部細節之上，新見新說層出不窮，故「標新」二字，實是當時合一之後的禪淨二家在教理建設和宗風上的一大特點。

再細一層，其標新立異，又可分為三種類型：即文字型、批評增益型和理智型。

文字型

所謂文字型，是指佛門中人接機說法、著書立說，其文字愈來愈詩化，愈來愈簡練優美、朗朗上口。聽者讀者，易於記憶，便於傳誦；特別是詩詞入佛，其文化品位得以大大提高，於禪淨之宏揚，作用不小。

此一風氣，與禪宗有直接關係。禪家接機，本來就多偈頌，與嚴格意義上的詩詞僅一步之差。宋明以後，一方面是禪宗自身對「不立文字」的反動；一方面是大量士大夫參禪，禪宗日益文人化、文字化，以至有「文字禪」正式登場。其文采之機巧、富態，真是到了美不勝收的地步——

> 蓋禪如春也，文字則花也。春在於花，全花是春；花在於春，全春是花。而曰：禪與文字，有二乎哉？故德山臨濟，棒喝交馳，未嘗非文字也。清涼天台，疏經造論，未嘗非禪也。而曰：文字與禪，有二乎哉？逮於晚近，

更相笑而更相非，嚴於水火矣。宋寂音尊者憂之，因名
其所著曰文字禪。

噫！此一枝花，自瞿曇拈後，數千餘年擲在糞掃堆頭，
而寂音再一拈似，即今流布，疏影撩人，暗香浮鼻，其
誰為破顏者？❼

（宋仁宗）遣中使問曰：「才去豎拂，人立難當（按：
此是一字謎，謎底為「佛」字）。」師即以頌回進曰：「有
節非干竹（即）、三星偃月官（心），一人居日下（是），
弗與眾人同（佛）。」帝覽大悅。❽

（宋孝宗）問：「浙東名山太白玉凡之外，以何為勝？」
光：「保福、護聖、國清、萬年。」 帝悅，侍臣嘆為名
對。❾

　　直承此風，禪淨合一，即多詩詞美文傳世。如世傳永明
延壽之「四料簡」，之所以如此有名，以至於托之於延壽名下，
最重要的原因，就是八句「料簡」確是言簡意明、擲地有聲。
　　此外，其先驅者如宋天衣義懷：

雁過長空，影沉寒水，雁無遺蹤之意，水無留影之心。

---

❼　真可〈石門文字禪序〉。

❽　玄極《續傳燈錄》卷5，明州育王懷漣大覺禪師。（《大正藏》2077）

❾　曾普信《中國禪祖師禪》，頁288。

其著者如元中峰明本，有懷淨土詩一百八首，廣被引用。

禪外不曾談淨土，須知淨土外無禪；兩重公案都拈卻，
熊耳峰開五葉蓮。

自家一箇古彌陀，聲色頭邊蹉過多；狹路相逢如不薦，
未知何劫離娑婆。

現成公案純商量，曉磬頻敲蠟炬長；晝夜六時聲不斷，
滿門風遞白蓮香。

稍後之楚石梵琦，堪稱集大成者，彼有《西齋淨土詩》
三卷，暫舉數例如下：

一寸光陰一寸金，勸君念佛早回心。直饒鳳閣龍樓貴，
難免雞皮鶴髮侵。

鼎內香煙初未散，空中法駕已遙臨。塵塵剎剎雖清淨，
獨有彌陀願力深。

一箇浮泡夢幻身，如何只是縱貪瞋。好尋徑直修行路，
休學癡愚放逸人。

護戒還同冰雪淨，操心要與聖賢親。明明指出西飛日，
有識皆令達本真。

馬鳴龍樹是吾師，念佛參禪駕並馳。五色雲橫日沒處，
一枝花拆眼開時。

玉音了了留仙偈，金彩煌煌發令姿。曠劫相逢真父子，
欲將何物報恩慈。

明四大家中的蓮池袾宏和蕅益智旭，也不乏佳句：

袾宏——

九蓮華蕊枝枝開迦葉之顏，七寶欄楯步步入善財之閣，
八稜毫相稜稜觀中道真詮，六字名稱字字稱西來密意。

六字真經攝義多，總持一似唱也娑。自從驀直西方去，
閒殺臺山指路婆。

智旭——

西方即是唯心土，無上深禪不用參。佛向念中全體露，
更生疑慮太癡憨。

日照紙窗明，驀然起悲思，但有好順人，曾無剛烈志，
猶如彼癡蠅，只向窗前滯，不肯猛回頭，云何得出世！

正因此風，所以翻看淨土叢書，詩偈特多。早如《樂邦

文類》，已能立詩詞偈頌為一卷，若無大量詩偈流傳，宗曉再巧，也難為無米之炊！

批評增益型

所謂批評型，並不是指一般交流指正，而是指當時佛家中人，為倡禪淨合一，敢於挺身而出，就若干重大問題，向昔日的權威挑戰。

此權威不是別人，正是鼎鼎大名的禪宗六祖慧能。這裏有一段歷史公案——禪宗自東山法門後日益興盛，五祖弘忍之傳人玉泉神秀應召入京，則天帝親執弟子禮，恩隆無比。神秀號稱「兩京法主，三帝門師」，死後謚「大通禪師」，北宗聲勢，恰如宗密《圓覺經大疏鈔》所形容：「雄雄若是，誰敢當衡？」然而就是有人「不惜身命」，出頭與北宗爭峰，他就是慧能的弟子荷澤神會。神會打著南宗慧能「頓教」的旗幟，數番浮沉，最後終於如願以償。這實是一段複雜的故事，其最終結果是南宗頓教成為禪宗正統，「作偈呈心」的慧能是真正的六祖，《壇經》成為禪宗的「宗經」。

此事發生在公元八世紀，北宗神秀是最大的受害者，他被醜化貶低，其歷史地位也遭篡改——他失去了六祖的位置。照理說，時至宋明，逝者如斯，往事如煙，數百年前的舊事早已過去。但是，想不到還有受累者在——不是別人，正是淨土宗！

當時南北爭奪的過程，也是一部《壇經》被不斷增篡的過程；到塵埃落停，《壇經》成為唯一的一部由非佛祖所講的

「經」時，很多當時禪宗的思想也就凝入其中，恰如一塊琥珀中留下了遠古的小蟲。其中最觸目的，即是借慧能之口說出的非淨土思想──「東方人造罪，念佛求生西方；西方人造罪，念佛求生何國？」（按：這段話最早的燉煌本《壇經》中無，故晚出的惠昕、契嵩本中肯定是後人摻入。詳見拙著《禪宗：文化交融與歷史選擇》四章二節。）此問雖然明顯地犯了偷換概念的邏輯錯誤（語中兩個「西方」，含義絕對不同一），但卻異常機智，又是出於六祖之口，故其影響，可謂巨大！特別是禪宗成為佛門盟主的情況下，淨土宗受到的壓力可想而知。

數百年後，提倡禪淨合一，六祖和《壇經》的地位是無法動搖的，因此，如何對付這段話，成了淨土宗人的一塊心病，一個揮之不去的夢魘！然而，當禪淨合一的大勢已定，此一「腫瘤」就非去掉不可了。於是乎，多少年來的屈解和會的「保守療法」，一蹴而為乾脆利索的「外科手術」──這就是我們所謂的「挑戰權威」。

在多少人想盡辦法說六祖《壇經》中這段話不是非議淨土之後，南宋竹菴可觀終於發獅子吼，其《勸修西方說》直指《壇經》為偽。理由如下：

> （前引《壇經》）噫！如此鄙俚，一笑可也。竊名祖師，不可行也。或謂既云悟性，此亦有理，其理偏尚無非禪病。相傳高麗焚毀此書，遼東人師稍有眼目。❿

---

❿ 宗曉《樂邦文類》卷4。(《淨土叢書》第十六冊)

敢於指責《壇經》中有偽，應屬卓識；但可觀卻進而要「焚毀此書」，那絕對是宗派立場所趨——凡不利於禪淨合一者，那怕尊如《壇經》，也毫不留情地要燒掉！

竹菴此舉，過於激烈，有時會適得其反。相比之下，其後繼者則要高明得多——既然前人能造，為什麼我們不能也造呢？《壇經》中這段話，雖然尖銳，終非根本。若把禪宗的祖統也變掉，還怕什麼六祖七祖？於是就有了增益型。但這些消息極為隱秘，不細心究察，還捉不出蛛絲馬跡。

元普度的《蓮宗寶鑑》卷三，名為「念佛正宗說」，一開始就借宋僧明教契嵩(1007–1072)之口說：

> 能仁之垂教也，必以禪為宗而佛為祖，祖者，乃其教之大範，宗者，乃其教之大統……夫古今之學佛輩，競以其所學相勝者，蓋由宗不明祖不正而為患。然非其祖宗素不明不正也，後世學者不能盡考經論而挾正之。

在一大段對禪徒之自封正宗之批評後，他展開了他的經論考正——先說廬山慧遠是淨土宗祖，此自是老生常談。接下去說了跋陀羅於廬山譯出禪經而慧遠作序一事，此本也已是定論，但他筆鋒一轉，說據契嵩《定祖圖》云：

> 跋陀羅嘗謂遠公曰：西土傳法祖師自大迦葉，直下相承凡有二十七人……以此慧燈，次第相傳，達磨多羅後為二十八祖。我今如其所聞而說是義。遠公聞跋陀羅言，故序云：達磨多羅西域之雋，禪訓之寶。

據此，他的結論脫穎而出：

> 心禪諸經，出自廬山……明其宗而不昧其祖也，若夫一
> 句當機，淨土唯心顯矣。

細細分析，這裏問題可不少！首先，契嵩《定祖圖》所說，是否事實？陀跋陀羅所譯禪經，經文尚在，遍讀慧遠和慧觀二序，只有八祖之說，未見其餘。事實是禪宗以禪經序為底本，參以後魏吉迦夜等傳人中國的《付法藏因緣傳》中的二十三世說，一步一步造出其祖統。契嵩為掩蓋此史實，故硬說廬山譯經時便有二十八祖說，其時間比《付法藏因緣傳》早六十五年——他之目的是在論證「西天二十八祖」說的真實性，確確實實是從佛祖開始，慧燈次第傳受，若中間冒出一本《付法藏因緣傳》，戲法豈不拆穿了！所以契嵩緊接著說：要燒掉《付法藏因緣傳》。

其次，普度的目的，又進了一步。表面上，他全是引他人的話；實質上，他的主旨早就標出——念佛正宗！他的結論就走得更遠——禪淨二家都是出於廬山。此說非同小可！他是「明」了西天之祖，那麼東土之祖呢？菩提達摩變成了達磨多羅，接下去即是——廬山慧遠！禪淨合一之史被提前了整整一千年！面臨這「史事」，任何不利於禪淨合一的故事說法，禪淨之間的糾纏矛盾，全部煙消雲散，不復存在。

相比之下，以佞佛參禪著稱於世的清世宗雍正皇帝，說得沒有普度那麼露骨和荒唐，但也有異曲同工之妙。雍正《御選雲棲蓮池宏大師語錄》序云：

> 達摩未到梁土以前，北則什公弟子講譯經文，南則蓮社
> 諸賢精修淨土，迨後直指心傳，輝映震旦。宗門每以教
> 典為尋文解義，淨土為著相菩提，置而不論。不知不覺，
> 話成兩橛。

他說的是事實，但玩味其言，則有「論資排輩」之意，言外之音，而後教禪相分，禪淨相詬之局面之形成，錯在禪宗。所以再也不要相互排斥，攜手共進為唯一正道。

　　增益型的例子，還有更巧妙的。往往是短短一句，四兩撥千斤，有著意想不到的效果。如明禪僧古音淨琴說：「一句阿彌陀佛乃宗門頭則公案」，真是別出心裁之作！禪門公案千七百則，因學人根機不同，拈起即是，從無輕重緩急之分，此乃禪家本色。而今卻出了個「狀元」，一句阿彌陀佛是也。禪你照參不悟，但若真正作家，入我淨土門來！

　　又若慧覺齊玉之〈四十八願後序〉序列法統說楊傑是臨濟正統，王古是雲門正統。二人本是居士中鼓吹禪淨合一的大將，而今特點出彼人禪宗「正統」之地位，用意一目了然：你若不同意禪淨合一，則非正統！小小花招，令人不得不從。

　　再若清濟能撰《角虎集》，釋心旦為之作序，說「拈花微笑」故事發生在佛說《阿彌陀經》結束時，後馬鳴菩薩為禪淨二分而特撰《大乘起信論》，闡明唯心淨土。移花接木，可謂煞費苦心！「拈花微笑」乃禪宗之「第一口實」（創宗論），本身就是虛無飄渺的故事；《大乘起信論》的作者也歷來有疑，而今正好全都攪成一鍋。《大乘起信論》中讀出唯心淨土；世尊先「不待眾請，而自說《阿彌陀經》」，接著「拈華

又道：我四十九年未曾說著一字……（迦葉）破顏一笑」。聯想到也是這本《角虎集》，信誓旦旦說永明延壽的「四料簡」出自《宗鏡錄》， 其推動禪淨合一之熱忱，不遺餘力，也頗令人敬佩。

理智型

所謂理智型，是指繼承宗密、延壽的思想，從理事雙修的角度出發宣揚禪淨合一者。本來，從空有、真俗的對立中開出中道，乃是中國大乘佛法的精髓。循此思路，定與慧、事與理、行與解、此岸與彼岸、現世與來世、人間與天上的統一，從來就是中國佛法的優秀傳統。推動和形成禪淨合一之歷史大潮的主要依據，即在於此。其最典型的代表者，要數號稱「明四家」的雲棲袾宏、紫柏真可、憨山德清和藕益智旭。

中國佛教史，到明代呈一異峰突起，就是因為有此四大家。除了他們的品德、學問足以攝導眾生以外，重要的原因就是他們所倡導的一代世風時尚 —— 智信而不迷信，以佛法本有的理性眼光重新審視歷史和現實。這一精神突出地表現在他們對禪淨合一的提倡上；反過來，禪淨合一的「理性派」，也成為當時佛教之理性精神的重鎮。

明四家個個都是著作等身，若一一引證分析，又是一本專著。故這兒點作羅列，目的是領會他們的理性色彩。

雲棲袾宏——

《竹窗隨筆》批評《念佛鏡》： 說禪不及淨不對，真正的圓頓之禪，與上品上生同。

〈淨土辨疑〉引中峰明本語：「禪者淨土之禪，淨土者禪之淨土，而修之者必貴一門深入。」

〈李卓吾西方說〉「一心清淨是為理觀內明，五體翹勤乃曰事懺外助，直觀本性非不徑要，而末法眾生，慧薄垢重，須假理觀事懺內外交攻，庶得定就慧成，死生速脫。但今人惟存事懺，理觀全荒，何況外飾虛文中無實悔，反令清心男女紛紛亂心，背普賢之願王，乖慈雲之本制，嗟乎傷哉弊也久矣。」

「歸元性無二方便有多門，今之執禪謗淨者卻不曾真實參究，執淨土謗禪者亦不曾真實念佛，若各做工夫到徹底窮源處，則知兩條門路原不差毫釐也。」

「只替人解粘去縛，便是秘密。」

《雲棲淨土彙語》〈示閱藏要語〉「大藏經所詮者不過戒定慧而已……戒乃防非為義，若能一心念佛，諸惡不敢入，即為戒也；定乃除散為義，若一心念佛心，不異緣即定也；慧乃明照為義，若觀佛聲，字字分明，亦觀能念所念皆不可得，即慧也……何必隨文逐字閱此藏經。」

《雲棲語錄》「端坐念佛，恐心難攝，不若經行。」

紫柏真可——

《念佛槌》〈法語〉不同意帶業往生之說「故廬山先造法性論，次開白蓮社……」

〈疏〉「佛有事佛理佛之分。」

〈與吳臨川始光居士〉「見地不高明，淨業亦未易修矣。」

〈無量壽佛贊〉「生從不生有，不生者非數，非數為數本，是為萬物祖，此祖人皆有，不悟乃不睹。」

〈淨土偈〉「淨穢既在心，如何別尋理，但觀心未生，淨穢在何處……佛即自心覺，覺即情不生。」

憨山德清——

憨山提倡念佛是因為「比來學人參禪者，多被邪師過謬，引入邪見稠林，墮我魔慢，增外道種，是大可慢，況十無一人得解脫處，似此不唯自誤，抑且誤人，可不懼哉，是故老人極力主張淨土真修」。

〈示西印淨公專修淨土〉「參禪要離想，念佛專在想，以眾生久沈妄想，離之實難，若即染想而變淨想，是以毒攻毒，搏換之法耳。」

「禪家有大死一番，淨土有生死信心，二者共通結果。」

〈示慧鏡心禪人〉「吾佛說法……最要者為參禪念佛而已，參禪乃此方諸祖創立悟心之法，其念佛一門乃吾佛開示三賢十地菩薩總以念佛為成佛之要……若約唯心淨土，則心淨土淨，故參禪未悟之時也，非念佛無以淨自心，然心淨即悟心也。菩薩既悟而不捨念佛，是則非念佛無以成正覺。安知諸祖不以念佛而悟心耶？若念佛念到一心不亂……即名為悟。如此則念佛即是參禪，參禪即是念佛，乃生淨土。此是古今未決之疑，此說破盡，而禪淨分別之見全消」

蕅益智旭——

〈序重刻寶王三昧念佛直指云〉：「非著事而忘理，必執理而撥事，著事者猶堪作下品生因，執理者竟淪於惡取空見。」

〈靈峰蕅益大師選定淨土十要〉「全事即理，全妄即真，全修即信，全他即自。」

〈答卓左車茶話〉「故參究誰字與攝心數息等，皆非淨土極則事也，淨土極則事，無念外之佛為念所念，無佛外之念能念於佛……」

〈年譜〉「生平嘗有言曰：漢宋註疏盛而聖賢心法晦如方木入圓竅也，隨機羯磨出而律學衰如水添乳也，指月錄盛行而禪道壞如鑿混沌也，四教儀流傳而台宗昧如執死方醫變症也。」

〈梵室偶談〉「禪者欲生西方不必改為念佛，但具信願，則參禪即淨土行也。」

「事一心者歷歷分明不昏不散是也，理一心者默契無生洞明自性是也」。

〈念佛即禪觀論〉「就此法門有念自佛、他佛、自他佛之不同，若單念自佛（四念處），與參禪止觀全同，若單念他佛（念相好、法門、實相、名號）與參禪止觀亦異亦同，若雙念自他佛與參禪止觀非異非同（心佛眾生三無差別）。」

〈淨然沙彌化念佛疏〉「東林為念自佛者，智者為念他佛者，永明楚石為自他俱念者。」

〈法海觀瀾自序〉「夫統論修證法門，浩若塵沙，非止八萬四千而已。然五門收之，罄無不盡。何者？欲游佛海，

先資戒航；戒淨，則行解可遵；行圓，則秘密斯證；證入，則依果自嚴。故首律宗，明造修之始；次諸教，明開解之途。次禪觀，明實踐之行。繼密宗明感應之微，終淨土明自他同歸之地也……或因持三聚戒而淨四土，或因習教解甚深義而淨四土，或因觀禪直悟自心而淨四土，或因專修三密傳持咒印而淨四土，或唯以一門而淨四土，或以二門三門四門而淨四土……然則無解行之戒，非戒也；無戒行之教，非教也；無戒教之禪，非禪也；無戒解及禪之密，非密也；非戒非教非禪非密，則非淨土真因也。非有四種淨土，則戒教禪密無實果也。」

＊　　　＊　　　＊　　　＊

　　邏輯與歷史的統一，本書對禪淨合一的追溯，恰巧以蕅益大師之〈法海觀瀾自序〉的這段極為精彩的議論作結。靈峰此言，乃是真正突破了宗派之見的、充滿理性精神的新一代教判。本書概括禪淨合一之第六章的總標為「禪淨合一之大勢」，趨的正是這理性之大海！

尾聲

禪淨合一之大潮，至此該流入近代、以至現當代了。但以本人之佛教史觀，此一主題根本不存在——當整個中國佛教傳統全部中斷時，禪淨合一，從何說起！故本書之尾聲，談禪談淨，往往與中國佛教整體無法分開。

不堪回首的晚清，內外交困，人心沸騰。一聲佛號，成為佛教全體，有人譏之為有淨無禪。其實身處絕望的當世，人們對來世的期望，更是虛無飄渺，遍布神州的「阿彌陀佛」，已絕無當日氣象，確是「小和尚念經，有口無心」了——國運不昌，何期教運！

但是，真正給中國佛教以根本性的衝擊、摧殘者，乃始於近代。

十九世紀以來，隨著西方列強的步步入侵，民族矛盾急劇上千，近代中國宗教運動的歷史背景，發生了巨大的變化。深刻的民族危機，把政治變成一個巨大的漩渦，把一切都捲入其中。離開了救國，任何東西沒有價值。一切信仰、行為和追求，都被深深地打上了政治的烙印。

就整個意識形態而言，首先與外來文化發生碰撞的，是主流儒家思想。隨著封建王朝的覆滅，隨著中華民族在外來政治、軍事、經濟、文化的挑戰前節節敗退、全面崩潰，儒家思想的腐朽沒落日益暴露，終於從昔日的王座上跌落下來。

人們心頭醞釀著一種普遍的失落感——儒家之仁政王道再也不能引導中國人擋住那洶湧而來的侵略浪潮，於是先進的中國人紛紛把眼光移向別處，以尋找能夠救國救民的武器。這樣，以政治為主題，作為外來文化衝撞的反響和回應，自由主義、保守主義、本土文化派、全盤西化派、三民主義、馬克思主義……各種思想流派在中國近代史上如雨後春筍，此起彼伏。而佛教則從古代中國宗教中脫穎而出，成為近代中國政治舞臺上引人注目的一家。

或許是對東西文化簡單類比的結果，或許是對日本明治維新成功的嚮往，相當一批人把目光落到了佛教之上，他們中不乏在中國近代史上赫赫有名、影響巨大者——康有為、梁啟超、譚嗣同、章太炎……他們希望佛教能變成一種新的精神武器，發揮像西方宗教或日本近代宗教那樣的作用，指引中國人民戰勝外侮，走向繁榮和富強。

於是乎，佛教中凡是能借用過來為政治服務者，全被搜羅出來：佛教的平等，變成了民主自由的平等，是國家、民族平等基礎上的個人平等；佛教的度人，變為積極投入政治，救國救民的奮鬥；佛教的勇猛精進，再也不是把一切獻給神祇的迷狂，也不是理事無礙、破除一切妄執的智慧，而是不怕犧牲、不怕挫折、自救救人的大雄無畏；佛教的唯識論，堪與西方認識論匹敵；佛教的九天說，等於西方的宇宙論；佛教的微塵說，勝過西方的細菌學……

我絕不否定，在近代中國的特殊條件下，佛教起到了其他宗教以至政治思想所起不了的作用——絕對是有價值的，留名青史的。但是，不能忽視的是：當佛教政治（或稱為政

治佛學更妥貼）一枝獨秀的時候，佛教的其他方面呢？在「德先生」（民主）、「賽先生」（科學）徹底掃蕩傳統中國文化時，佛教哲學、佛教教理、佛教修證、佛教藝術、佛教倫理、佛教儀規……除了為政治需要而裝點門面之外，全都被貶為迷信，生存亦難，遑論發展！整體而言，近代中國佛教是處於中斷、蟄伏的狀態。

　　如果說歷史無情，不以人們的意志為轉移，近代中國的劫難，需要佛教作出貢獻。那麼，當戰亂過去，佛教能否重新接續被中斷的傳統，重新跟上時代的腳步呢？或許筆者短視、性急——半個世紀對歷史而言僅是剎那——近代佛教的困惑，至今依然存在，只是形式有所改變而已。

　　在中國大陸，繼續「中斷」。當馬克思主義在中國成為官方意識形態，與政治相結合後，所有的宗教都處在「必然滅亡」的被告席上。作為一種理論體系，馬克思主義的宗教批判理論是其社會批判理論的一部分，其思想淵源是直承費爾巴哈(L. A. Fenerbach，1804–1872)的宗教異化理論。費爾巴哈認為，宗教的本質是人的異化；依賴和恐懼是宗教產生的心理因素；需要是導向宗教的條件；抽象和想像能力是宗教產生的途徑……接過費爾巴哈的理論，馬克思主義把它置於自己的社會發展理論之中，馬克思主義認為，原始社會—奴隸社會—封建社會—資本主義社會—共產主義社會是人類社會發展的普遍必然的共同模式，而共產主義社會則是異化現象的消滅。那麼，宗教存在僅僅與人類發展的特定階段相聯繫；隨著社會的發展，宗教將不為人類所必需；到共產主義社會，完全自由的人類，根本無須宗教！這樣，宗教、異

化成了同義詞，宗教與封建社會、資本主義社會成了必然伴生物，要推翻舊世界，就必須打倒宗教。馬克思在〈黑格爾法哲學批判導言〉中說得非常清楚，他的宗教批判的目的就在於社會批判；一切社會批判的前提、基礎，即在於宗教批判。

作為一種學術思想、理論，馬克思主義的存在有它的理由、必然性和歷史意義，然而不幸的是，當馬克思主義成為當代中國的主宰，實現為政策和制度時，它又一次被扭曲和簡單化。「宗教是人民的鴉片」成為新中國婦孺皆知的名言，宗教等於迷信，宗教等於落後，宗教等於反動，宗教徒是「傻子遇到騙子」，不是被騙就是騙人……必然地爆發了從「大躍進」到「文革」十年的消滅宗教運動。「東方紅，太陽升」，燦爛的陽光下，一切牛鬼蛇神、魑魅魍魎都沒有容身之地！宗教的靈魂被驅逐和扼殺，剩下的，和尚道士、寺院廟宇、黃冊經卷、法器儀式……全成了「文化遺產」，成了旅遊資源，賺錢的工具！

在港臺歐美，雖依不同的國情，佛教的具體狀況向有不同，但面臨的問題卻有驚人的一致性。不再要求宗教依附於政治，直接為政治服務，甚至以立法的形式保護宗教，其最具時代色彩、影響最巨的一條，即是宗教組織（包括對宗教組織贈捐者）在稅務上可享受許多優惠。宗教得以獨立，並有發展蓬勃之勢，但隨之而來的問題是：宗教的重心是落在金錢上，還是落在心靈上？對於主張清心寡欲，有著出世傳統的佛教而言，矛盾更為突出。弘法是需要金錢，但一不小心，就變成立教為了金錢。即使是為了弘教而經商買地、投

資股票，但這是商品社會，法師們馬上就被市場所左右。如何既要立足於今日社會，又要保持佛家本色、保證法門清淨，實是一大難題！

其次，如何在形上領域恢復、發展佛法，不能說不被重視，但卻步履蹣跚。

禪宗方面，從日人今北洪川、釋宗演開始就全力興禪，至鈴木大拙，終於完成了當代色彩的新禪學，並傳到西方，最後突破鐵幕，「回歸」中國大陸，形成了遍布全球的 "Zan Boom"（禪宗熱），鈴木大拙因此成為世界名人，被譽為「世界禪者」。

但細究鈴木禪學及其流行，並非一無可非。簡而言之，鈴木禪學的最大特點就在於以西方當代非理性哲學來詮釋、改造古老的中國禪宗，其積極意義在於世界性的立場和當代的眼光。在鈴木大拙筆下，禪就是西方哲學的 "Being" ——宇宙和人生的本體；鈴木所謂的「開悟」，也就是個體自我與 "Being" 的絕對融合；在此基礎上，鈴木禪學得以確立了其絕對一元化的、「人」的主題。這是鈴木禪學成功地為時代所歡迎、肯定的根本秘密所在。當西方文化席捲全球，把二元的世界觀強加給現代世界時，人類對任何事物的把握都僅僅達到投射層面，以指為月成為當代世界的「時代病」。正是在這個意義上，當代的精英們能危言聳聽——人類失落了自我！而鈴木禪學的目標，正是想為當代世界找回那失落的精神家院。

鈴木禪學受到了整個西方世界熱烈的歡迎，在西方主宰世界的情勢下，鈴木禪學被大肆宣傳，成為當代的顯學。

但是，鈴木禪學的實際遭遇，並不如鈴木所自許和期許的那樣。它在西方走紅，再「返銷」東方，就必然地被打上了西方文化的烙印。說得客氣點，是西方人的實用主義態度，說得不客氣點，就是沒有中國文化背景的西方人，沒有這點「悟性」，他們實是無法了解什麼是禪，他們所得到的僅是禪的神秘的一面、實用的一面。不說全是糟粕，至少是未嘗入門。所以鈴木禪學一開始就與弗洛依德的精神分析相提並論，以後，在西方人的眼裏，禪與心理醫療、打坐、氣功、特異功能密不可分。即使就鈴木禪學而言，也已走樣，更不必提真正的中國禪宗了。

在西方文明統治全球的今天，在中國文化還沒能真正重建以前，鈴木禪學的命運，帶有時代的必然性，故在形上領域重興佛法，要做的事還真太多太多！

淨土宗方面，以臺灣佛教為中心，提出了「人間淨土」的口號。很快的，這口號為全體佛教所接受，其核心即是做好人，做好事——布施救災，興學濟窮，流通法物，創辦醫院，慰問監獄，批評時政……聲勢之大，影響之廣，前所未有。這一切當然都不壞，但若僅止於此，是否與西方人之於禪有點相同？佛教與政治、金錢走得太近，是否好事？這些與普遍的迷信還願之風氣，與不肖之徒利用宗教行騙之惡例，是否有著某些內在的聯繫？

當然不能因噎廢食，對現實一筆抹煞。但佛法被實用化、工具化的傾向是否應當有所警覺？佛法博大精深，乃是人類文化寶庫中的一顆璀璨明珠；但千年紅塵熏染，其上塵埃也不少。如何抉發佛法之精義，建立真正「當代的」新佛教，

乃是中國人的歷史使命，或者說是中國人的宿命，任重道遠，還須加餐努力！

後　記

　　整整三年，《禪淨合一流略》終於完成了。

　　九四年初，《禪宗六變》稿子一寄出，我就著手《流略》的材料收集工作。一切順利，當年底，已動手寫「前言」了，樂觀的估計，九五年內能交稿。但正在此時，邀我為研究員的「世界宗教研究院」之創辦人沈家楨居士又創立了「佛教電腦資訊功德會」， 發起了把中文佛經輸入電腦、制作多媒體光碟的工作。躬逢其事，我就擔任了製作光碟的文字總編工作。於是，在沈居士的帶領下，訂規劃、查資料、輸入、校對、編輯、造字……忙得晚上回家還要加班。

　　不得已，我就寫信告訴「叢書」的主編傅偉勳先生，說《流略》一書無法完成了。傅先生馬上就回了信，鼓勵我說：再忙也要把書寫出來。接著又打電話給我，說若此書不寫太可惜了，一是收集材料功夫白費；二是此題很有價值，且無人做過；三是書中對永明延壽「四料簡」的考據更是前人所未發。所以晚點不要緊，問題是一定要寫出來。傅先生的關心令我十分感動，於是終於沒有放棄。

　　每個週末，二天時間，就是坐在電腦前。窗外樹葉落了，雪化了，小鳥叫了，流螢飛了……當打下「後記」兩字時，已是九七年春天了。令人遺憾的是，傅先生卻英年早逝，於九六年突然撒手西歸。《流略》因先生的關懷而得以問世，卻無緣得

到先生的指點批評。睹物思人，何其悵然！

更早一些，上海傳來消息，我的導師馮契先生謝世。馮先生高壽，著作等身，桃李滿天下，堪稱無憾此生。但做學生的，承先生栽培，到頭來卻沒能到先生靈前告辭，箇中滋味，也只有自知。

但我每每安慰自己：真正的哲思，需要終生的積累之後，豁然貫通，方能與萬物一體，達自由之境。遙想傅、馮二先生在天之靈，神遊河漢、俯視人間，此時才有絕對的自由，其境界又我等凡夫俗子所能揣摹？說佛法，習哲學，目的就是求解脫，得自由——想到這裏，心中釋然。回身從書架上抽出一書，赫然入目的只有九個字：「生的尊嚴和死的尊嚴」，正是傅先生的大作。冥冥之中，先生在回應，一絲會心的微笑，泛上心頭。

時光匆匆，來美已五年，每日在莊嚴寺之「和如紀念圖書館」中上班，打開電腦，關上電腦，一天又過去了。忙碌，但卻閉塞，同行在研究些什麼，學界在討論些什麼，有些什麼新的成果……我全都一無所知。甚至訂的中文報紙，也只能看到一週前的，真正是「山中一日，世上千年」。常常擔憂：長此以往，豈不落伍？這學問還怎麼做？

當《流略》定稿，在電腦上一頁一頁地翻看時，一念回轉，頓時間山更明水更秀——記得是香港的一位學者說的，「做學問要比慢，比寂寞」。他的話有點絕對，但對我輩從事佛學研究者，恐有道理，否則和尚為什麼要閉關？更何況我還有一得天獨厚的優勢——一藏有數萬冊佛書的圖書館，幾乎屬我一人享用，豈不太奢侈！得此因緣，《流略》一書，與我以往的作品相比，它至少更扎實。記得九二年剛到美國，武漢大學的蕭蓮

夫先生到哈佛大學開會，常到我的住處小聚。一次酒酣耳熱之
餘，蕭先生說：長江後浪推前浪，後人超過前人，乃是歷史的
必然；然而真正有價值的著作，後人超得過，但繞不過。蕭先
生的話，發聵振聾，給我極深印象，成為我的畢生願望。

　　這兒，僅將《流略》奉獻於世，希望對此問題感興趣者，
不要繞過去。

顧偉康

一九九七年夏於

紐約上州莊嚴寺內

參考書目

《大藏經》　日本大正藏

《續藏經》　香港影印續藏經委員會, 1968

《淨土叢書》　毛惕園編, 臺灣印經處, 1972

《現代佛教學術叢刊》　張曼濤主編, 大乘文化出版社,
　　　　　　　1976

《中國禪宗史》　釋印順著, 廣益書局, 1971

《中國淨土教理史》　望月信亨著, 釋印海譯, 福嚴精舍,
　　　　　　　1974

《漢魏兩晉南北朝佛教史》　湯用彤著, 中華書局, 1981

《隋唐佛教史稿》　湯用彤著, 中華書局, 1982

《周叔迦佛學論著集》　周叔迦著, 中華書局, 1991

《中國佛教文化研究論集》　冉雲華著, 東初《智慧海》
　　　　　　　叢刊 (18)

現代佛學叢書（一）

書名	作者	出版狀況
臺灣佛教與現代社會	江燦騰	已出版
學佛自在	林世敏	已出版
達摩廓然	郜家駿	已出版
濟公和尚	賴永海	已出版
禪宗六變	顧偉康	已出版
人間佛教的播種者	釋昭慧	已出版
菩提道上的善女人	釋恆清	已出版
佛性思想	釋恆清	已出版
道教與佛教	蕭登福	已出版
中國華嚴思想史	木村清孝著 李惠英　譯	已出版
佛學新視野	周慶華	已出版
天台性具思想	陳英善	已出版
慈悲	中村元著 江支地譯	已出版
佛教史料學	藍吉富	已出版
宋儒與佛教	蔣義斌	已出版

現代佛學叢書（二）

書名	作者	出版狀況
唐代詩歌與禪學	蕭麗華	已出版
禪淨合一流略	顧偉康	已出版
禪與美國文學	陳元音	已出版
淨土概論	釋慧嚴	撰稿中
提婆達多	藍吉富	撰稿中
梁武帝	顏尚文	撰稿中
禪定與止觀	釋慧開	撰稿中
臺灣佛教的美術	陳清香	撰稿中
中國佛教藝術賞析	李玉珉	撰稿中
維摩詰經與中國佛教	賴永海	撰稿中
禪宗公案解析	陳榮波	撰稿中
佛教與環保	林朝成	撰稿中
當代臺灣僧侶自傳研究	丁　敏	撰稿中
臺灣佛教發展史	姚麗香	撰稿中
榮格與佛教	劉耀中	撰稿中
菩提達摩考	屈大成	撰稿中
虛雲法師	陳慧劍	撰稿中

現代佛學叢書（三）

書名	作者	出版狀況
歐陽竟無	溫金柯	撰稿中
佛使尊者	鄭振煌	撰稿中
佛教美學	蕭振邦	撰稿中
佛學概論	林朝成	撰稿中